JOSÉ JUNIOR
NO FIO DA NAVALHA

JOSÉ JUNIOR
NO FIO DA NAVALHA

Luis Erlanger

1ª edição

EDITORA RECORD
RIO DE JANEIRO • SÃO PAULO
2015

CIP-BRASIL. CATALOGAÇÃO NA PUBLICAÇÃO
SINDICATO NACIONAL DOS EDITORES DE LIVROS, RJ

E63j Erlanger, Luis
      José Júnior: no fio da navalha / Luis Erlanger. – 1ª ed. – Rio de Janeiro: Record, 2015.

ISBN 978-85-01-10667-4

1. Oliveira Junior, José Pereira de, 1968-. 2. Brasil – Biografia. 3. Grupo Cultural AfroReggae. I. Título.

CDD: 920.71
CDU: 929-055.1

15-26762

Copyright © Luis Erlanger, 2015

Pesquisa: Haline Tavares dos Santos

Todos os direitos reservados. Proibida a reprodução, armazenamento ou transmissão de partes deste livro, através de quaisquer meios, sem prévia autorização por escrito.

Texto revisado segundo o novo Acordo Ortográfico da Língua Portuguesa.

Direitos exclusivos desta edição reservados pela
EDITORA RECORD LTDA.
Rua Argentina, 171 – Rio de Janeiro, RJ – 20921-380 – Tel.: (21) 2585-2000.

Impresso no Brasil

ISBN 978-85-01-10667-4

Seja um leitor preferencial Record.
Cadastre-se e receba informações sobre nossos lançamentos e nossas promoções.

Atendimento e venda direta ao leitor:
mdireto@record.com.br ou (21) 2585-2002.

"— Pobre do povo que não tem herói!
— Não! Pobre do povo que precisa de herói."

BERTOLT BRECHT, *GALILEO GALILEI*

Aos meus filhos, com esperança.

Apresentação

O QUE TEMOS aqui é, fundamentalmente, a história do José Junior contada pelo próprio José Junior. Na verdade, é mais do que uma vida. José Pereira de Oliveira Junior virou uma espécie de para-raios humano, atraindo dezenas de outras histórias de vidas incríveis — tanto do lado do mal quanto do lado do bem, felizmente bem mais para este — que foram se cruzando e formando sua própria trajetória.

Mesmo sob o crivo de um suposto rigor jornalístico, toda biografia fica com um toque de ficcional, ainda mais narrada por um grande contador de histórias. Foram cerca de 24 horas de entrevistas gravadas, em várias rodadas, além das conversas posteriores, muitas trocas de mensagens por e-mail, WhatsApp e Telegram — seu atual aplicativo preferido, por ser aparentemente indevassável. Que, entre outros fatos, trazem relatos sobre personagens mortos e outros inacessíveis, seja porque estão foragidos, seja porque em presídios de segurança máxima, por exemplo. Para um jornalista, não ter como checar tudo, no princípio, incomodou. Mas, com o avançar da narrativa, concluí que não tinha a menor importância. Como afirmam, em compensação, toda biografia é ficcional e toda ficção é meio biográfica. Portanto, como diziam Aristóteles e Platão, toda biografia é ficcional e biográfica. Neste festival de relatos que beiram o surrealismo, isso facilita as coisas.

Neste perfil biográfico, em que Junior apresentou sua versão, estão presentes muitos episódios polêmicos, marcantes — que mexeram com a cidade, com o estado e o país — e de conhecimento público. Mesmo as verdades mais absolutas dessa odisseia brasileira, por si só, já superam a imaginação mais criativa, até porque sua vida, privada e pública, se mistura com o espantoso submundo do crime — que, na maior parte do tempo, não se quer ver, mas que fica bem aqui do lado, bem próximo, convivendo com a sociedade que optou formalmente pelo estado de direito no Rio de Janeiro. Pelo que se vê ultimamente no noticiário político-policial, a criminalidade no morro ou no asfalto, nos barracos ou nos elegantes escritórios públicos ou privados, se distingue apenas pelo IPTU do indiciado. Quando se tem IPTU.

Muito além do seu entorno, Junior também teve uma caminhada fabulosa, principalmente por se tratar de uma pessoa incomum.

Mesmo com uma constante relação profissional e, algumas vezes, pessoal, por mais de dez anos, encontrei uma personalidade e uma visão de mundo muito mais complexas do que conhecia.

Por essa proximidade, descartei ao máximo citar meu nome, mas, quando absolutamente inevitável, optei pelo caminho esquizofrênico de me mencionar na terceira pessoa.

Agradeço ao psiquiatra David Rajs, ao babalaô Ivanir dos Santos, ao astrólogo André Porto e ao consultor em internet Manoel Fernandes as generosas contribuições nas suas especialidades.

Meu agradecimento especial é ao Junior, pela coragem de se expor — sabendo que este livro tem que espelhar a marca do seu caráter — e, acima de tudo, pela confiança.

Prefácio

ZUENIR VENTURA

COMO PRATICAMENTE ACOMPANHEI o nascimento e o crescimento do AfroReggae, achava que conhecia tudo de seu fundador, o Junior. Agora, com este livro, descobri o quanto faltava conhecer desse personagem quando jovem, época em que confessa ter vivido "o episódio mais marcante" de sua vida, aos 12 anos. Marrento, briguento, metido em muitas confusões, José Junior poderia ter sido um marginal. Como consequência do que aprontava, ele mesmo conta: "Fiquei detido em todas as delegacias do Centro, da Tijuca, da Praça da Bandeira e da Zona Sul."

Mas, a exemplo de agora, não bebia, não fumava, não cheirava e nunca usou arma. E, ao contrário de Tim Maia, não mente ao dizer isso, até porque é capaz de confissões mais politicamente incorretas. Admite, por exemplo, que, "em pensamento", chega a desejar a morte dos inimigos, que ele os tem em razoável quantidade — do lado do bem e do mal.

Uma de suas qualidades como "mediador de conflitos" é a franqueza, que usa inclusive com traficantes: "Você vende drogas para crianças e tenho que entender? Você fode a vida dos outros e tenho que entender?" E não só com bandidos é franco. Numa mesa-redonda para empresários, da qual participei com um policial e um ex-traficante, um dos presentes, meio impaciente, perguntou: "Sim, e quanto temos que dar?" A resposta de Junior foi: "O senhor não entendeu. Não quero seu dinheiro, o que eu quero é que o senhor..." — e deu uma lição de cidadania.

Quando o AfroReggae completou dez anos, fiz um texto lembrando a data de 30 de outubro de 1993, de minha primeira visita à favela, onde à noite assisti ao show Vigário in Concert Geral, o primeiro depois da chacina praticada por um grupo de policiais contra 21 moradores sem qualquer envolvimento com o tráfico. Era uma festa onde havia jovens, crianças e velhos. O único distúrbio foi promovido pela polícia, que apressou a saída do pessoal dando tiros para o alto. Escrevi então: "Não é fácil fazer o bem na favela. É como andar sobre um fio de navalha, tendo de um lado a violência do tráfico e do outro a da polícia."

O fascínio juvenil pela aventura e pelo risco, a tentação do enriquecimento rápido e ilícito, o aceno sedutor das drogas, a "glória" efêmera e o poder das armas, tudo isso, aliado ao desemprego e à falta de perspectiva, funcionava como obstáculo a um trabalho de integração social. Em meio a esse caldo de cultura, como disputar com o narcotráfico os corações e mentes da juventude? Não conheço melhor resposta a essa angustiante pergunta do que a que tem sido dada pelo AfroReggae, que oferece como substitutos à viagem fugaz que leva ao inferno, fingindo estar levando ao paraíso, o prazer e a sedução pela arte, a oferta enfim de um caminho com futuro, segurança e possibilidade de sucesso.

É um trabalho de inclusão social, mas também um projeto de inserção cultural que já deu ao movimento mais de vinte prêmios nacionais e internacionais. Junior não se contenta em tirar da marginalidade e das zonas de risco os jovens a perigo. Ele quer lhes dar um emprego, uma profissão, fazer deles artistas competentes. Por isso é que, quando houve atentados contra instalações do projeto e ameaça de morte ao seu fundador, a sociedade carioca mobilizou-se de maneira impressionante consagrando a proposta do próprio Junior contra a segregação: "Todos juntos e misturados."

À luz dos astros, a definição do seu ser já começa com uma conjunção conflitante. O mapa astral mostra que seu Sol está em Câncer, tendo ao lado Vênus e Marte, opostos um do outro. De um polo, amorosidade, conciliação, espírito de paz e das artes. Do outro, guerreiro, desbravador, ousadia e coragem. Para a astrologia, é o paradoxo do morde e assopra, que não precisa abrir mão de um para ser o outro, fala com Deus e com o diabo.

> — Sou uma pessoa guerreira, não vivo em paz. É diferente. Guerreio pela paz, mas não vou oferecer a outra face. Sou a favor da não violência, mas não vou assimilar a porrada e ficar quieto. Vou retribuir a porrada da minha forma, do meu jeito. Agora, mesmo na guerra também tem que ter ética. Há lei na guerra. Você não pode fuzilar o cara enquanto ele pula do avião de paraquedas. Pode matar o paraquedista no chão, mas não enquanto ele está caindo. Tudo bem que as pessoas desrespeitam e fuzilam, mas é uma lei de guerra. Pelo menos era. Mesmo com inimigo mortal, tenho ética na guerra. Eles podem usar o vale-tudo, mas eu, não. O samurai é movido pela honra. A sociedade atual não conhece essa palavra.

Os búzios informam que seu orixá é Ogum, o temível combatente, deus das armas de ferro, violento e implacável contra a injustiça e a mentira. Isso já sabia. Descobriu, no entanto, que, para sua maior segurança, também deve cultuar Xangô, igualmente da guerra, mas também o rei dos justos, que protege quem age com sabedoria e justiça. E que terá vida longa, embora com a recomendação de não parar de confrontar seus inimigos. Só que, para isso, precisa passar a agir com mais calma e cautela, palavras que até hoje não fazem parte do seu dicionário.

Reticente quanto à mudança de estilo proposta — ser menos beligerante —, concordou, com devoção, em fazer o sugerido ebó, cerimônia de oferenda que, além de comidas e bebidas, incluiu sacrifício de pombos, galinhas e até uma cabra. Trabalho pesado de proteção, todos os cultos conduzidos em iorubá pelo sacerdote-chefe Jokotoye Bankole — um dos líderes religiosos mais altos na hierarquia do que aqui seria o mais próximo do candomblé —, vindo da Nigéria. Antes, foi obrigado a bater cabeça com cada bicho. Depois, teve que, com os dedos, levar um pouco de sangue à boca.

O Opelé Ifá — um sistema de adivinhação oriundo também da África, com colares de palha ou fio de algodão, caroços de palmeira de dendê, sementes, pedras semipreciosas, entre outros símbolos — confirma que tem muitos adversários perigosos. No entanto, a maior advertência é para que não arrume briga com sua mulher:

> — Eu me preparei para morrer com 16 anos e estou há 31 fazendo hora extra. Quando você se prepara para isso, você se desprende. Muitas vezes me olho no espelho e digo que não tenho medo, que vou vencer. Começo a falar coisas para mim em que eu mesmo não acredito. Eu me autossugestiono o tempo todo. Não acredito em corpo fechado, não. Acredito que Deus me protege, porque ainda estou vivo. Por vários motivos que não sei explicar. Acho que tenho algo em volta de mim que

me impulsiona e que traduzo como Deus e energia. Esse Deus pode se chamar Ogum, Shiva, Xangô, Jesus Cristo... Vários nomes. Esses nomes foram criados pelo homem, mas a divindade é uma só.

Na websfera, quem é ligado à cultura e a movimentos sociais confia e elogia. Para o público em geral, no entanto, sua imagem se divide entre os que acreditam que é associado à polícia e os que acham que é ligado ao tráfico. Alguns jornalistas acham que faz um jogo duplo e que na verdade só é amigo de bandido:

— Mas sou mesmo amigo de alguns traficantes. A questão é que não estou lá para dar força. Quero é tirar do crime.

Por isso, seus telefones estão constantemente grampeados e, muitas vezes, é vigiado à distância:

— Quer saber? Tem mais é que me grampear. Mesmo com minha credibilidade hoje, não me incomodo de saber que sou grampeado. Sei que agora grampearam até minhas mensagens nas mídias sociais. É do jogo. Foi o que fez a inspetora linha-dura, a pica das galáxias na época, Marina Maggessi (uma policial muito badalada, chefe de investigação da Delegacia de Repressão a Entorpecentes, chegou a ser apelidada de Katy Mahoney, a charmosa detetive de um seriado de tevê, e depois seguiu carreira política): andou me grampeando. E, antes de virar minha amiga, me confessou e comentou que, se minhas fitas vazassem, um ano de gravação, eu seria indicado ao prêmio Nobel da Paz. Quem me grampeia vai ouvir coisas que vão me fazer virar ídolo.

A confiança da polícia está longe de ser generalizada. No princípio, o próprio secretário de Segurança, José Mariano Beltrame — este, sim, quase uma unanimidade positiva no combate ao crime —, via com desconfiança o seu estreito relacionamento com a bandidagem. Também há a suspeita de que bandidos que anunciam estar deixando a criminalidade usem sua instituição apenas como fachada para continuar agindo fora da lei, sem serem perseguidos.

Mesmo quando melhorou sua impressão, em conversas reservadas, Beltrame o taxava de "engenheiro de obra pronta", insinuando que aparecia nos morros após as ocupações policiais sem violência posando de responsável pelo êxito das missões. Hoje já se entendem e Beltrame é extremamente zeloso com a sua segurança:

> — Acho que ele estava certo em não confiar. O que faço gera desconfiança. Os ataques que sofri me reposicionaram publicamente, porque demonstraram de que lado realmente estou: da valorização da vida. Ele é um cara incrível, que admiro e gosto, um dos mais íntegros que conheço. O Beltrame merece mesmo a admiração de todos.

No mundo virtual, a força do seu nome é bem maior do que a do AfroReggae, a entidade que coordena, com dezenas de projetos sociais e culturais.

Em um laudo psiquiátrico, foi definido como um indivíduo que vive e se expressa de maneira muito transparente e verdadeira, sem se preocupar com o peso das palavras. O psiquiatra disse não ter percebido sintomatologia psicopatológica digna de nota. Entretanto, destacou: "Exatamente por ser uma pessoa livre, que fala o que pensa, tendo construído toda a sua trajetória com a pureza e a fé que só existem nas crianças, foram vistas possibilidades diagnósticas instigantes. Como se ele acreditasse, verdadeiramente, que, com sua postura questionadora, pudesse conectar o 'mal' e o 'bem'." Um transtorno de conduta que se manifesta habitualmente em jovens, caracterizado essencialmente por uma atitude provocadora, desobediente ou perturbadora, porém não acompanhada de comportamentos delituosos, agressivos ou dissociais graves. Também é típico da juventude arriscar a vida achando que nada de ruim possa acontecer.

Não é à toa que ficou "Junior" na vida. Mesmo que tenha virado nome próprio, tendo que superar a marca de ser ou ter sido filho de alguém para sempre:

> — Meu nome é Junior porque é o nome do meu pai. Então, ficou Junior, que, para mim, não é o filho de alguém. Acho que sou um Junior sênior, como o ex-jogador do Flamengo também é. Quem foi o senhor Leovegildo, ex-jogador do Flamengo — seu time do coração, sem muito entusiasmo — e da Seleção Brasileira? Ninguém sabe. Na Itália, ele é o Léo Junior. Fora do Brasil ninguém é chamado de Junior. No meu caso, não me incomoda. Fui pichador. Todo mundo que pichava usava um apelido. Eu pichava Junior. Era o único pichador que usava o próprio nome.

Um Junior que não quer ser como o pai, violento, que, sob o efeito da bebida, com frequência batia na mulher e no filho. Não foram apenas as surras que minaram o relacionamento:

> — A maior violência, para mim, não era a agressão física. Por exemplo, eu e minha irmã brigamos para beber Coca-Cola. Eu tinha 7 anos e meu pai me obrigou a

beber um litro de Coca-Cola sozinho. Isso eu lembro bem, foi muito doloroso. Ainda gostei dele por muito tempo, mas meu coração foi secando em relação a ele. Hoje, na real, sei que sempre o amei.

Atualmente, quase não toma Coca-Cola. Já foi movido a Red Bull e virava umas vinte latinhas por dia. Hoje, bebe esse energético com moderação. Busca simbolismos, até de natureza ideológica, inclusive na escolha da alimentação. E suas preferências ficam fora das listas tradicionais da gastronomia trivial — seus pratos prediletos são sopa de ervilha (da mulher) e de feijão (da mãe).

Em restaurante, a variação é entre peixe ou frango:

> — Sou muito chato para comer. Se eu for à casa de alguém, como feliz feijão com farinha, desde que não tenha carne.

Seu único vício assumido é chocolate. O de verdade, não o consagrado por Tim Maia.

No consumo pessoal, procura ser sempre fiel aos seus patrocinadores, sem abrir mão dos seus princípios: sem chance de vê-lo fazendo parceria com empresas de álcool ou tabaco. E já sobrou até para a atrativa e sempre interessada Nike:

> — A empresa que mais bati na vida foi a Nike. Quando quis entrar para o crime, com 14 anos, era porque queria Nike. A Nike sempre colocou: "Ou você tem ou não é nada." As campanhas dela eram muito nocivas e indiretamente estimulava o cara a ir para o crime. O sujeito que é um zé-ninguém acha que vai ser alguém

se botar um tênis da Nike no pé. Aí, ele rouba e mata Uma vez filmei vários pés, e notei que todos da boca de fumo usavam Nike. Imagina um vídeo de pés e fuzis balançando... Não é pé de gente grande. É canelinha de menino. Fiquei puto. Hoje, a Nike se reposicionou nessa história e faz um trabalho louvável. Virou outra coisa. Ela nos procurou algumas vezes na época em que eu batia. Não aceitei para não pensarem que estava me vendendo. Há um tempo já topei ter uma conversa com eles. Só que também achei melhor ficar só na conversa mesmo. Já dei entrevista elogiando, não bato mais, porém não topo patrocínio, porque sou refém do meu discurso.

Em compensação, a lealdade a antigos e sólidos parceiros fez com que relevasse algumas situações:

— O maior parceiro da história do AfroReggae foi a imprensa, principalmente as Organizações Globo. Mas quando ela pecou, não deixei de reagir. Fizeram uma covardia com a gente. A gente sabe que não foi a empresa Globo, mas erros de pessoas de lá. Falei que o Tuchinha (ex-chefe de tráfico de drogas e um de seus maiores amigos, assassinado em setembro de 2014) não estava mais no crime. Primeiro usaram o termo "ex-traficante". Depois foi "traficante" direto. A investigação comprovou que ele estava limpo. Minha reação não foi maior em consideração ao João Roberto (Marinho, acionista e vice-presidente do grupo) e porque respeito muito o que a Globo fez e faz pelo AfroReggae. Mas não foi legal.

Outro caso em que discordou do comportamento da emissora e de demais veículos de comunicação foi:

— É claro que o Tim (Lopes) era um cara incrível e não merecia o que aconteceu com ele. Mas e o filho da dona Maria que é morto todo dia? Só porque é jornalista tem um puta destaque? Ou seja, pode matar todo mundo, menos jornalista. Posso morrer, mas jornalista não. Por que não? Por que a morte de uma pessoa qualquer não tem o mesmo impacto que a de um jornalista, empresário ou de alguém da Zona Sul do Rio?

Dentro da sua lógica de não aliviar, mas também de não inculpar criminoso além da conta, contra o sentimento generalizado difundido pela mídia, acredita sinceramente que o traficante Elias Maluco — com quem manteve contato — não esteve diretamente envolvido nesse crime brutal.

Um dos maiores traficantes de drogas do Rio, Elias foi preso em 2002, após uma caçada humana de três meses. Ligado ao Comando Vermelho (CV), liderava o tráfico de drogas em cerca de trinta favelas nas proximidades do Complexo do Alemão e da Penha, sendo acusado pela morte de mais outras sessenta pessoas.

Tim Lopes fazia uma reportagem sobre abuso sexual de menores e tráfico de drogas em bailes funk na favela Vila Cruzeiro, no bairro da Penha. E a luz vermelha de sua microcâmera o entregou. Foi barbaramente torturado, morto e teve o corpo incinerado. Não há dúvida de que os executores eram do bando de Elias, e prevaleceu a versão de que ele matou pessoalmente o jornalista com uma "espada de samurai".

Revela que, quando foi informado do desaparecimento de Tim, pelo governo estadual e pela TV Globo, atrás de ajuda, falou diretamente com Elias, que manifestou desconhecimento sobre o fato. Afirma ter conversado com muita gente depois e que a explicação do traficante foi bem parecida com a conclusão da inspetora Maggessi. A questão é que alegar posteriormente que seus asseclas agiram sem sua autorização explícita pegaria tão mal diante das regras da moral entre os chefões que o crime ficou na sua conta.

As eventuais e raras divergências com um parceiro querido e respeitado como a Globo não só não comprometem o bom relacionamento como, ao contrário, não impedem que reaja sempre que cobrado por sua proximidade com as empresas dos Marinho. E mais de uma vez recusou convites para levar seus projetos para outras emissoras.

— O AfroReggae chegou onde chegou com o apoio da Globo. Em algumas situações, acho que escapei de ser morto graças à força dela. O espaço que abriram para os projetos sociais é indiscutível. Tanto assim que, quando as pessoas escondiam a Globo ao serem perguntadas, eu falava que tinha muito orgulho de ser parceiro ajudado por ela. Tem até uma charge que o Paulo Caruso fez de mim fazendo embaixadinhas com a Vênus Platinada. Sempre falei e falo com o maior orgulho. As pessoas tinham medo, vergonha de fazer parceria com a Globo. Fui a um debate maravilhoso na Unisinos. No final, na última pergunta, uma professora, com sotaque castelhano, falou: "Parabéns, você fala muito bem, mas eu, no seu lugar, teria vergonha de declarar orgulho de uma parceria com as Organizações Globo. Tenha vergonha." Quando ela terminou, eu já tinha a resposta: "A senhora é de qual país?" Ela: "Uruguai." Eu: "Primeiro quero dizer o seguinte: mantenho o orgulho da minha parceria com a TV Globo. Vergonha deveria ter a senhora de tirar vaga de professores brasileiros e estar numa universidade ligada à Igreja Católica, que cometeu o maior genocídio da história com os índios. É a senhora que deveria ter vergonha." Fui ovacionado quando respondi assim.

Todo mundo convive com pulsão de vida e de morte, mas com ele os pratos da balança nunca estão razoavelmente equilibrados.

Entre seus amigos de confiança estão desde empresários poderosos de imagem impoluta — como chefões de empresas multinacionais — até facínoras que amedrontam a população — como executivos do tráfico. Daí a pecha de amigo de traficante, como Celsinho da Vila Vintém.

Celso Luís Rodrigues, nascido em 1961, começou a vida no crime assaltando caminhões de carga na Avenida Brasil e distribuindo parte das mercadorias aos moradores da Vila Vintém, em Padre Miguel, Zona Oeste do Rio, com ares de liderança comunitária. Na década de 1990, Celsinho assumiu o tráfico, conquistando boa relação com o CV.

Passou a ser um dos principais alvos da polícia carioca e surgiram várias lendas sobre suas fugas mirabolantes, como o uso de passagens subterrâneas secretas superequipadas e até fenômenos sobrenaturais. Virou um mito.

Já encarcerado, criou, com outros criminosos, a organização Amigos dos Amigos (ADA), que se tornaria a segunda maior do Rio. Conseguiu fugir da prisão, mas foi recapturado.

Em 11 de setembro de 2002, em meio à rebelião comandada pelo traficante Fernandinho Beira-Mar (CV), presos das facções rivais foram brutalmente assassinados, incluindo Uê, um dos líderes do ADA. De maneira até hoje inexplicada, Celsinho conseguiu sair vivo do massacre e continua preso aguardando julgamento de sua progressão de pena.

Um banqueiro honesto, por exemplo, pode, no máximo, ser criticado por praticar juros exorbitantes, ser cobrador implacável e impor taxas de administração absurdas. Já Celsinho, seu amigo do outro lado da lei, está preso por uma longa série de crimes hediondos, condenado a dezenas de anos na cadeia.

Fica muito transtornado quando é perguntado sobre sua aparente incoerência no que diz respeito à Lei e à Justiça:

> — O cara que vira ministro ou secretário e desvia milhões de reais da merenda escolar mata quantas pessoas? E os que desviam dinheiro de remédio para hospital público? Quem mata mais? Acho que todos têm que pagar. O Celso, esses políticos e qualquer um que cometa crime. O tráfico mata para cacete, assim como a corrupção, esses desvios bilionários de recursos públicos, que indiretamente promovem genocídios temáticos no Brasil. O que mata mais: cocaína ou álcool? Isso que estou falando a Organização Mundial da Saúde comprova. Agora, odeio qualquer tipo de droga. Seja lícita ou ilícita.

Até recentemente, era contra a legalização do uso de drogas, mas está mudando de opinião, pois acredita que a guerra ao tráfico mata muito mais gente do que a dependência química.

Uma explosão de raiva do Junior é intimidadora, a impressão que passa é que baixou o jovem que vivia pela barra-pesada das ruas dos subúrbios pobres da cidade, resolvendo as coisas na força física. Já encarou muito problema no braço, pois nunca foi de levar desaforo para casa. Jamais empunhou uma arma, mas já deu muito soco e chute na cara de quem cruzou seu caminho. Lutou boxe e gostava de praticar mesmo era fora do ringue.

— Já fiquei detido em todas as delegacias do Centro, da Tijuca, da Praça da Bandeira e da Zona Sul.

Lembra, com um sorriso misto de saudosismo e arrependimento, de alguns de seus *rounds* prediletos:

— Eu estava andando com um amigo. E na época eu já tinha tatuagem. E tatuagem, em 1987, era coisa de bandido. Eu era cabeludo, um cabelo desse tamanho, enrolado, black power. Passaram três policiais. Um deles veio e olhou para a tatuagem. Me pediu documentos. Na época eu andava, com o maior orgulho, com o meu certificado de alistamento. Eu tinha sido aprovado para ingressar para o batalhão de paraquedistas do Exército. Acho que foi a minha grande vitória naquele período. Ele me revistou de cima a baixo, até nas partes que não tinha roupa. Eu estava de bermuda e ele revistou até minha canela. Nunca vi isso. Eu, calado. Ele pegou meus documentos, rasgou, amassou e jogou no chão. Isso acabou comigo. Quando ele rasgou meu certificado de alistamento todo carimbado e aprovado em todas as etapas, fiquei sem reação, porra! Não acreditava naquela cena. Bateu fundo, não sabia se eu chorava... Olha só que doideira. Ele olhou e riu. O sorriso dele acabou comigo de vez. Eu falei: "Seu filho da puta, eu vou te meter a porrada." Ele já veio com o cassetete na mão. Tomei o cassetete e dei muita porrada nele. Briguei na rua durante muitos anos, mas não me lembro de ter dado tanto tapa na cara de um ser humano quanto eu dei nesse sujeito. Não dei um soco. Na malandragem, o que humilha é o tapa. Não dei um soco, mas um tapa meu era um soco, porque eu lutava boxe. Lembro que parecia que eu estava jogando vôlei: afundava a cara dele. Puxei o distintivo dele e rasguei a farda toda: "Rasgou meu certificado, então toma." Os outros dois policiais não acreditavam no que estavam vendo. Ficaram olhando, os três: meu amigo e os outros dois policiais. Ninguém entendia nada. Momentaneamente ele também não teve reação e não puxou a arma. Nem dava tempo. Era muito tapa na cara; eu parecia uma máquina de bater. Eu batia falando: "Filho da puta." Eu tinha que falar. O que mais me aliviava não era o tapa, era falar. "Quis me humilhar, filho da puta..." Quando chegou a turma do deixa-disso, ele pegou a arma e saí correndo em zigue-zague. As prostitutas que viram a cena vieram me defender porque sabiam que eu não era bandido. Tinha um bar de esquina chamado Vila Verde, um dos bares mais marginais que existiam no Rio. Tinha uma joaninha, aquele fusquinha da PM pintado de azul e branco, parado na frente. Os policiais me viram correndo e me pegaram. Os outros dois policiais não fizeram nada, não falaram mal de mim. No caminho para a delegacia, no banco de trás, estava o soldado em que bati, todo lanhado, camisa rasgada, sem distintivo, com cassetete dando porrada na minha costela. A patrulhinha saiu correndo e o soldado gritou: "Vamos para o Sumaré." Naquela época, era lugar de desova. Quando ele falou Sumaré, pensei: "Como ele está em alta velocidade, na hora que fizer a curva para entrar na Riachuelo, vou dar uma pezada no banco da frente, no motorista, que vai perder o controle e capotar o carro." É o jeito. Só que um cabo falou: "Sumaré porra nenhuma. Ele tem documento, não é bandido." Me levaram para a antiga 5ª DP na Mem de Sá, em frente ao antigo IML. Veio o delegado plantonista: "Você bateu em policial, vamos juntar e te quebrar na porrada." Pensei: "Vou apanhar, mas vou encarar, aquela coisa de maluco." Na época, eu não era bom de argumento. Era bom de briga. Quando tudo parecia estar perdido, ouvi a voz do meu padrasto e gritei o nome dele. Ele acabou desenrolando e fui liberado.

Briga com polícia, briga com bandido:

— Show no Conjunto Liberdade, do projeto Conexões Urbanas, que foi o maior circuito cultural em favelas do Brasil, uma comunidade que hoje é dominada pelas milícias, mas era do Terceiro Comando (TC) na época. Isso no dia em que o Brasil foi penta. Foi coincidência. A gente tinha programado o ano inteiro e eu nem teria feito porque o Brasil podia não ter ganhado. Era apresentação da banda Cidade Negra, do Tony Garrido. Estava conversando com um amigo baiano que corta o cabelo da galera do AfroReggae há 15 anos, o Jô. Eu do lado de dentro da grade, ele do lado de fora. Eu estava com um chapéu praiano; já usava as duas argolas nas orelhas, com uma camisa polo verde escrito "Conexões Urbanas", bermuda preta, meias camufladas e uma sapatilha. Alguém gritou: "Vou entrar nessa porra aí." Fingi que não ouvi. Era normal quererem entrar na área reservada. Só que aí ele disparou: "Veado! É você mesmo, de brinco." Pensei: "Não pode ser comigo." Ele insistiu: "Ô filho da puta, de chapéu, vou entrar aí." Assim mesmo. Eu tinha um carro prata. Ele falou: "Não fica de gracinha, não. Você está de Brava prata e vou te encher de tiro." Pronto, o vulcão, que hoje tenho adormecido dentro de mim, entrou em erupção. Pulei a grade: "O que é que você falou? Vou te encher de porrada." Ele disse: "Sou bandido." Tomou logo duas pezadas no peito. Fui para a beira do palco. Daqui a pouco, só vi os seguranças abrindo como se tivesse vindo um furacão. Um bando vindo armado, com o chefe do tráfico junto. O cara em quem bati veio junto apontando para mim e falou para o chefe, segurando uma pistola: "Foi ele." Perguntei: "Fui eu o quê?" Ele falou: "Você brigou comigo." Falei que não tinha brigado, mas que tinha era metido a porrada nele para ele deixar de ser abusado. Chamei de veado e ainda mandei tomar no cu. Aí o traficante me reconheceu, perguntou se tinha sido comigo. Eu disse que sim. Não sei como, ele encaixou a pistola na minha mão e ordenou: "Mata ele." Larguei a pistola, que caiu no chão. Falei: "Que isso?!" O cara da briga não sabia que, toda vez que havia um show, no dia anterior eu me reunia com o tráfico para tirar armas e drogas das proximidades do evento. Sempre explico as regras: não pode vender drogas. Se a polícia entrar, não pode atirar, não pode ter confusão. Vieram me avisar depois que iam mesmo matar o cara. Quando eu fui lá já encontrei ele amarrado ao poste, e iam tacar fogo nele. Pedi para desamarrá-lo e liberarem. Na Zona Oeste a chapa é quentíssima. Quantas voltas que o mundo dá: o cara queria acabar comigo e eu que acabei salvando ele.

Na longa jornada de briguento, na maioria das vezes sua justificativa era o intolerável sentimento de humilhação:

— Era meu aniversário e minha mãe tinha me dado uma luva da Honda e um capacete vermelho lindo. Saí de casa, um coroa botou a seta para a esquerda. O carro estava parado no meio da rua. Cortei pela direita e ele entrou para o mesmo lado. Estava bêbado e me pegou em cheio. Caí da moto, me estabaquei, rasguei a luva novinha que estava usando pela primeira vez. O problema comigo é a pessoa rir da minha cara. Levantei e ele falou: "Bem feito! Motoqueiro tem que se foder." Fiquei tão furioso que afundei o teto do carro dele a cabeçadas com o capacete. Puxei ele de dentro do carro e, como vi que ele tinha mais de 50 anos, não bati. Falei: "Não bato em velho, seu safado." Chegou um cabo que eu conhecia de nome, gentleman da corrupção. Falou exatamente assim: "Ih, não gosto de cerveja e hoje vou querer beber uísque. Meu irmão, vai ter que perder alguma coisa." Eu não tinha dinheiro e me fodi. O cabo apreendeu a moto. Eu era mesmo meio esquisito para os padrões da época.

A baixa autoestima é uma explicação que acha para tanta agressividade:

— Tudo era motivo para confusão. Eu era extremamente feio, com o rosto cheio de espinhas, não tinha grana. E as brigas eram, talvez, por desejo de pertencimento a um nível mais alto. Tive meu momento de baixa autoestima. Teve um período da minha vida em que fiquei por um tempo sem um dente da frente.

Imaginar Junior desdentado é difícil para quem o conhece hoje, sempre produzido e estiloso. Se atualmente corr· risco de ser morto por grandes causas, no passado arrumava arruaça por qualquer bobagem:

— Eu ia a um baile funk em Bonsucesso. A gente percebeu que virar sócio saía mais em conta do que pagar por baile. Era eu e um amigo chamado Jorge Carlos. Inclusive, em dois aniversários meus seguidos, eu quase fui preso por causa dele. Ele roubava; eu, não. Mas estava junto quando ele fazia merda. Chegando à Praça das Nações, resolvemos dar calote no ônibus 497. Isso foi em 1986. Ele estava usando um boné que era meu. O trocador ficou puto e, na hora de descer por trás, puxou o boné dele. Meu amigo empombou e mandou devolver. Eu disse que o boné era meu mesmo, para ele esquecer. Senti que ia dar merda para mim. O Jorge Carlos também tinha muita fúria. Não deu outra: ele desceu, entrou numa farmácia e pegou aquele ferro que puxa a porta. O trocador já tinha esquecido da gente. Ele estava sentado, de costas, e o Jorge enfiou o ferro nas costas dele, pela janela do ônibus, que quebrou. Machucou o cara. Falei: "Vamos embora." Estávamos saindo de fininho quando chegou um sargento, um negão, forte, meio gordo, que era o sargento Sócrates. Devia ter uns dois metros (talvez o pânico naquele momento tenha feito ele ficar mais alto). Ele agarrou a gente, suspendeu. Meus pés saíram do chão. Arrastou até a cabine da PM. Quando chegou lá, jogou a gente na calçada e, antes de ir embora, gritou que tínhamos assaltado o ônibus. Começou a chegar gente. Naquela época, era moda linchar, enforcar, tacar fogo em ladrão. Pouco tempo antes, em Olaria, três garotos passaram correndo e gritaram: "Pega ladrão." Eles não eram ladrões. Mataram os meninos. Eu pensava nessa história enquanto juntava gente e os PMs iam embora. Só ficou um. Vi um cara com uma mangueira chupando gasolina do tanque de uma Brasília, outro jogando uma corda na árvore. Iam enforcar e tacar fogo. Os mais desesperados eram, olha que coisa, o PM e o trocador. O PM botou a gente dentro da cabine e começou a dar tiro para o alto. O trocador foi bacana: abriu caminho e disse que não teve roubo, e sim calote e agressão. O povo ficou meio dividido, com alguns ainda querendo linchar. Na maior tensão, imediatamente pagamos as passagens e ele devolveu o boné. Eu já passei por muito aperto, mas não tão assustador quanto dessa vez.

Seu comportamento e as companhias frequentemente o deixavam cara a cara com a morte:

— Um amigo meu pegou a mulher de um sujeito. A gente estava junto quando o cara chegou e meteu a arma na cara dele. Meu amigo, que tinha até mais atitude do que eu, travou na hora. Nem pisquei, tomei a frente. Fiquei olhando firme nos olhos dele, mas meio na dúvida se dava as costas para correr. Parecia um século, mas eram segundos. Ele não fez nada e resolvi sair correndo. Ele apertou o gatilho, mas por sorte os tiros engasgaram. Acredita que cruzei com ele mais duas vezes? Na primeira, ele puxou um 32, mas consegui tomar a arma.

Ainda teve um terceiro momento, só que ele resolveu aliviar: "Cara, meu negócio não é contigo. Não se meta." Não era um bandidão, mas era bandido.

Dessa vez, quando o revólver funcionou, o adversário pipocou. Mas também andou escapando de bala que saiu da arma:

— Estava no Posto Quatro da praia de Copacabana, em número grande de pessoas. Éramos vinte. Nunca uma galera grande. Sempre era um grupo menor que brigava bem. Um amigo nosso chamado André, que já faleceu, arrumou uma discussão com os chamados playboys na praia. Primeiro ficou encarando um, depois chamou de "playboyzinho" e meteu um tapão na cara do moleque. Nunca na minha vida fugi de briga na mão. Nesse dia, fui o primeiro a sair correndo. Eu me senti um pouco Garrincha, porque a praia inteira veio bater na gente e saí driblando todo mundo. O cara do futevôlei queria bater, o senhor com a esposa começou a bater com cabo da barraca. Você não está entendendo: até o salva-vidas veio bater na gente. Isso foi em frente à antiga Help. Corremos bastante. Eu, que corria muito, achei que seria moleza, mas nunca a areia ficou tão pesada. Tive dificuldade, porque uma coisa é correr por esporte, outra é correr fugindo. Fugimos e ficamos rindo. Pensa que acabou? Resolvemos voltar à noite para arrepiar os playboys, depois da matinê no ônibus 434, em número maior. Não lembro se tinha alguém armado. A gente não usava arma, mas sempre tinha um ou outro com uma garrucha... O moleque saiu da boate e o André meteu a porrada nele, na porta da Help. Veio uma viatura da polícia e todo mundo abriu. Éramos mais de trinta, mas, nessa época, havia respeito com a polícia. Quando a gente abriu a roda, dois policiais saíram da viatura e um resolveu partir para cima de mim. Fugi e até estava achando divertido, porque eu corria bastante. Abri uma distância tamanha que estava até rindo. Só que entrei numa daquelas ruas sem saída de Copacabana. Ele chegou e foi logo dando tiro para o alto. Eu me joguei no chão. Ele se aproximou, eu me levantei e ele deu um tostão bem forte na minha coxa, para eu não conseguir mais correr direito. Com o tostão sua perna vai para o espaço. Ele perguntou por que eu estava abaixado. Havia outras pessoas no lugar. Falei: "Alguém deu tiro e me joguei." Ele disse: "Eu estava correndo atrás de você, rapaz." Eu, na maior cara de pau, respondi: "De mim? Não." Ele completou: "Era você, sim." Eu: "Não era eu não." Já tinha muita gente por perto. Como ele não tinha como provar, ficou puto, mas acabou me liberando. Essa também foi foda.

Outra briga que marcou bastante foi no Catumbi:

— Eu estava num clima bem tranquilo, conversando com uma amiga, chamada Lícia, no portão da casa dela. De repente passou um casal brigando e um menino, que deveria ter uns 9 ou 10 anos, tentou separar a confusão, que presumi ser dos pais. O homem era negro e alto, e a mulher, morena, com cabelo pintado de loiro. O garoto, quando me viu, veio na minha direção pedir ajuda. Como estávamos na subida do Morro da Mineira, não quis me meter, mas a insistência do garoto e as agressões do pai dele na mulher me fizeram lembrar do meu pai batendo na minha mãe. Lembro que estava com um macacão da marca Alternativa, que, na época, era uma supermarca (para meus padrões), e o garoto pulava puxando a alça do meu macacão. Fui meio sem jeito falar com o pai para que não brigasse. Ele me enxotou e quase me bateu. Saí e falei para o garoto que não podia fazer nada. A Lícia pediu que eu entrasse no quintal dela, mas resisti. Até que, de repente, vejo o pai dando uma porrada no menino. Na hora fiquei possuído por um senso de justiça e o vulcão entrou em erupção. Fui na direção do pai e mandei ele me bater. Ele, sem titubear, partiu para dentro. Como era maior que eu, minha estratégia era ficar o mais distante possível. Arrisquei uns chutes e lembro de ter acertado três dos bons na região da costela, mas ele continuou partindo para dentro. Parecia estar anestesiado; acho que estava cheirado. Nessa hora conversei com Deus e falei: "Senhor, fui defender essa família, não deixe ele me machucar." O quarto chute foi no mesmo lugar e pegou em cheio na costela. Ouvi o barulho como se estivesse quebrando tudo. Quando ele caiu, fui fazer o discurso da vitória falando que ele era covarde etc. De repente vejo a mãe do garoto, a mulher dele, com um pedaço de pau para me bater. Olhei para o garoto e me vi naqueles olhos. Corri para a casa da Lícia e, uns quarenta minutos depois, quando fui embora, vi, próximo à Praça da Apoteose, a mesma cena do pai batendo na mãe, todo torto, e o garoto tentando apartar.

É claro que essas brigas deixaram sequelas físicas e emocionais.

— Estava caminhando na Rua Joaquim Palhares, no Estácio, com um amigo meu, a namorada dele e uma amiga. Eu e ele íamos na frente, conversando coisas de homem, quando passaram dois caras por nós. Segundos depois a namorada dele e a outra disseram que eles passaram a mão nelas. Fomos correndo tirar satisfação. Meu amigo combinou de chegarmos batendo. Como era namorada dele, aguardei que ele fizesse o combinado. Na hora ele ficou de blá-blá-blá e tomei uma cabeçada no chamado "pau do nariz". Estava com uma camisa florida branca e bermuda também branca. Quando olhei, estava com a roupa toda suja de sangue. Não era o vermelho normal, mas um tom escuro. Parti para dentro do cara e bati bastante. Cheguei a pisar na cara dele algumas vezes e vi seus dentes encavalando. Nessa brincadeira, quebrei o nariz e, como não tinha plano de saúde, usei o convênio do Mário (amigo que estava na briga). Consertar o nariz foi infinitamente mais doloroso do que quebrar. Você senta numa cadeira igual a de dentista e o médico enfia um ferro dentro da sua narina (fórceps especiais), que bate na testa e empurra para um lado e para o outro. Acho que foi a única vez na vida que, por muito pouco, não perdi os sentidos. Eu olhava para ele e não entendia muito por que estava com o ferro na mão. De repente, ele se virou para mim e disse: "Vamos lá?" Empurrou com os dois polegares os ossos nasais. Depois pegou esse instrumento, enfiou em uma das minhas narinas e empurrou. Quase desmaiei de dor. Quando já estava recuperado, ele disse: "Agora a outra." Puta que pariu! Foi a pior dor física da minha vida! Até hoje, quando lembro, meus olhos lacrimejam. Saí de lá e fiquei parecido com um guaxinim. Os olhos incharam e fiquei fodido um bom tempo.

Mais recentemente, em 2011, voltou a perder a linha:

> — Minha última porrada em alguém foi um chute no peito. Uma pessoa mentiu para mim e me induziu ao erro propositalmente durante a apuração de um assassinato. Sabia a verdade e me fez errar. Aí, eu fui e falei que estava errado. Chutei para não fazer pior.

E, após o incidente, se desculpou com o agredido.

> — Não me arrependi e não me arrependo até hoje. Mantenho bom relacionamento, até gosto dele. Só que nunca zero a conta. Tenho ressentimentos de trinta anos. Mas não faço mais nada com essas pessoas. A partir do momento que não faço nada, está tudo certo. Não vou prejudicar a pessoa.

O cidadão mundialmente consagrado por suas atividades pela inclusão social — na maioria dos projetos, por meio da cultura —, por suas ações pela paz e por seu trabalho para retirar delinquentes da vida do crime e reintegrá-los na sociedade não esconde que, às vezes, ainda gostaria de voltar a trocar argumentos por surra bem dada:

— Não existe aquela coisa de eu tomar porrada e ficar pensando... Você me dá um tiro de pistola e te dou um de fuzil. Uma vez, uma pessoa, brincando comigo, me deu um tapa no peito. Revidei com um soco na cara. Não é uma coisa pensada. É automático, muito rápido. Sou uma pessoa de confronto. Se você vir uma mediação minha para um traficante se entregar, sair do crime, você fica assustado. O cara está no funk e eu já entro no hardcore. Se ele gritar, vou gritar mais alto do que ele. Eu não fico: "Pô, cara. Eu te entendo..." É assim: "Tenho que entender? Você mata os outros e tenho que entender? Vende drogas para crianças e tenho que entender? Você fode a vida dos outros e tenho que entender?" É assim que faço mediação.

Confessa que frequentemente deseja, em pensamento, a morte de seus inimigos. Ou mesmo de desconhecidos:

— Fiz um programa sobre pedofilia no *Conexões Urbanas* e não fui a nenhuma operação da polícia. Não fui porque teria que estar com pedófilo. Também tenho problemas com quem maltrata idoso. Não sei o que faria com pessoas que maltratam crianças e velhos. Quando vejo aquelas reportagens em que botam câmeras escondidas, minha vontade é de matar, mesmo não conhecendo a criança, as pessoas. As coisas mais obscuras que tenho são os meus desejos de matar algumas pessoas.

Respeita Martin Luther King, Mahatma Gandhi e Nelson Mandela, mas, definitivamente, não são seus grandes ídolos:

— As pessoas vão se decepcionar um pouco comigo. Admiro todos, mas não são minhas referências. Ayrton Senna é meu ídolo porque sempre queria se superar. Sou igual a ele. O Senna nunca correu pela pátria, mas por ele. Era um cara individualista, mas tinha uma coisa com o Brasil e com os brasileiros. Quando penso: "Quero tirar o Fernandinho Beira-Mar do crime", penso no Senna. Aquele cara focado, brigando com Alain Prost e Nigel Mansell... É uma maluquice, mas é o que rola comigo.

Ora na lista de jurados de morte por bandidos, ora ameaçado por policiais — quando não está na mira dos dois —, encontrou refúgio num condomínio de classe média alta no bairro de Camboinhas, na região oceânica de Niterói. O imóvel custou R$ 790 mil reais, dos quais R$ 300 mil foram um empréstimo pessoal do então presidente do Santander, Marcial Portela. Sem prazo para quitar. Confortável, tem dois andares, quatro quartos, piscina e churrasqueira, TV de muitas polegadas e Apple TV. Decoração simples e impossível de ficar arrumada com cinco crianças zanzando de um lado para o outro.

Na estante na entrada da cozinha, na prateleira debaixo, estão os remédios. Na de cima, a poucos centímetros, os inseticidas. Até na organização doméstica cura e veneno convivem em temerária proximidade.

O grande atrativo da região é a proximidade da praia. O nome do bairro lembra um acidente naval ocorrido em 1958. O cargueiro chamado *Camboinhas* encalhou. Chamada para a operação de socorro, uma corveta da Marinha também aproximou-se demais e foi jogada contra a areia. Quase um mês depois, puxada por três rebocadores e duas outras corvetas, a embarcação militar foi desencalhada, mas para o *Camboinhas* não teve jeito. Foi desmontado no local e, ainda hoje, os restos do casco podem ser vistos na maré baixa.

Ali, nas proximidades do famoso naufrágio, arrumou seu porto mais seguro. Só não frequenta a praia. Em três anos, passou por lá umas vinte vezes, para corridas na areia ou no calçadão, mas raramente deu um breve mergulho, e vive escoltado por policiais do temido Bope:

— Não vou porque tem que ir junto um esquema de segurança. Fico constrangido, com vergonha.

A casa fica cercada por seguranças 24 horas. Certa vez, uma porta estava aberta quando voltaram à noite e até os bocais das lâmpadas foram examinados para prevenir algum tipo de atentado.

Isso, porém, nem de longe incomoda, já que detesta sair, ir a festas, cinema, teatro etc.

— Não curto celebridades, nem um pouco. Não vou a nada. Sou convidado para viajar, ir para a casa das pessoas, shows e espetáculos, mas não vou. Não curto mesmo. Tenho amigos que também são celebridades. É diferente.

Para quem passou a juventude encarando a barra-pesada da rua, ficar em casa é um grande prazer. Numa fase de maior tensão, já ficou por doze dias sem cruzar a porta da rua. Foi longo o caminho até a praia do navio encalhado, seu porto seguro.

José Pereira de Oliveira Junior nasceu em 2 de julho de 1968, na maternidade Carmela Dutra, na Rua Aquidabã, no Lins de Vasconcelos. Seu primeiro lar foi na Rua Leopoldina Rêgo, em Ramos, bairro que tem uma história diferenciada na cidade.

Com pouco mais de 40 mil moradores, Ramos fica na Zona Norte da cidade do Rio de Janeiro. Faz limite com os bairros de Olaria e Bonsucesso, com a favela Roquette Pinto e com o Complexo da Maré. No último levantamento, apareceu em 47º lugar no ranking do Índice de Desenvolvimento Humano (IDH) entre os bairros da cidade do Rio de Janeiro.

Ramos é referência cultural, especialmente quando o assunto é samba. O hino que homenageia o bairro foi composto por Pixinguinha e pelo professor Alberto Lima. Além deles, também fazem parte da história Zeca Pagodinho, Dicró, Almir Guineto e o grupo Fundo de Quintal. Até Villa-Lobos foi assíduo frequentador. Lá conheceu, na casa de um músico amigo, sua futura mulher, sendo inclusive um dos criadores do bloco carnavalesco Recreio de Ramos.

O bairro, que até o século passado era ocupado pela elite da chamada Zona da Leopoldina, convive com problemas comuns dos subúrbios cariocas, como a proliferação de favelas e a violência ligada ao tráfico de drogas.

— Não lembro quase nada desse tempo. Era bebê. Nem sei quantos quartos tinha. Depois fomos para a Rua Barreiros, para um apartamento de dois quartos. Meu pai, minha mãe, eu e mais duas irmãs. A outra morava com o pai dela. Depois, Rua João Torquato, em Bonsucesso: eu, já maior, duas irmãs, meu pai e minha mãe. Dois quartos. Minha infância foi lá. Com 10 anos me mudei para a Rua do Senado, no Centro: um quarto, um apartamento muito pequeno. Minha mãe, depois de tantas brigas, resolveu deixar tudo para trás e nos levou para o Centro. Uma das minhas irmãs casou em seguida, ficando eu, minha mãe e outra irmã. A Rua do Senado marca uma virada mais forte da minha formação. Lá era um apartamento de dois quartos. A minha mãe já estava casada com meu padrasto, o Cláudio. Depois, Rua do Riachuelo: dois quartos. Aí veio Rua General Roca, na Tijuca: três quartos. Mais tarde, Rua Cândido Mendes, na Glória: três quartos. Depois eu me mudei quando casei, mas para o mesmo prédio. Quinto andar, alugado, com três quartos. Depois me mudei para o andar de baixo, também com três quartos. Aí vim para Niterói.

Para ficar coerente com sua vida conturbada, chegou ao mundo no tal "ano que não terminou".

O ano de 1968 entrou para a história como extremamente tumultuado, de efervescência cultural e repleto de fatos relevantes, como a Guerra do Vietnã, a perda do título mundial de Muhammad Ali por se recusar a lutar e o assassinato de Martin Luther King. Também foi um período marcado pelas manifestações contra os regimes autoritários. No Brasil, Raul Seixas e Tom Zé lançam seus primeiros trabalhos. Roberto Carlos ganha o festival de San Remo, na Itália, com "Canzone per te". O Carnaval era de "Máscara negra", de Zé Keti. Chico Buarque veio com "Carolina" e "Roda viva", ganhando o festival de canção com "O sabiá", em parceria com Tom Jobim. Simonal brilha com "Sá Marina". Caetano Veloso lança, com Gilberto Gil, Nara Leão, Os Mutantes, Gal Costa e Tom Zé, o disco *Tropicália* — um marco da MPB e do movimento Tropicalismo, uma corrente de trocas com o cinema, o teatro e as artes plásticas.

— As pessoas adoram falar do Chico, mas nunca ouvi Chico Buarque nem tenho vontade. Eu o respeito muito como personagem e intelectual. Passei a ouvir MPB só depois dos 25 ou 26 anos, porque não fazia falta para mim. Sou de uma geração totalmente influenciada pela cultura americana. O funk que eu ouvia era de lá. Meus filmes eram americanos. Uma época em que FM só tocava música em inglês. Não havia música nacional.

Gosta muito do Caetano, mas também não ouve suas músicas. Mais uma coisa fora da ordem… Seus cantores favoritos são Elvis Presley, Michael Jackson, Freddie Mercury, George Michael, Ricky Martin e Madonna.

— A música que mais ouvi e ouço na vida é "Billie Jean", do Michael Jackson. Também curtia muito o clipe e as apresentações dele.

De artistas brasileiros: Zezé di Camargo e Luciano, Marisa Monte, Lulu Santos, Tim Maia, Racionais MCs, O Rappa. E quem já era rei em 1968: Roberto Carlos.

— "O salto", do O Rappa, traz a sensação de entrar em guerra e lutar até o fim. É uma música que ouço para meu ritual de combate.

Os filmes de que gosta são os hollywoodianos de aventura e ação. Toda a saga de Rambo e Rocky, *Matrix*, *O poderoso chefão*, *O último samurai* e *Top Gun*, que, de vez em quando, assiste de novo. Adora *Star Wars*:

> — Faço analogia com muitas coisas, e uma delas é o efeito "Darth Vader", inspirado no personagem de *Star Wars*. Nos três primeiros filmes da saga ele aparece como o personagem mau. Em determinados momentos, seu filho, Luke Skywalker, ficava provocando seu lado humano, até que consegue fazer com que ele seja o salvador e mate o imperador do mal. Acredito que todo ser humano, por pior que possa ser, tem uma centelha boa, e, como Luke, eu foco e tento trazer isso para fora. Chamo de Síndrome do Darth Vader.

Nunca leu um romance na vida. Mas, como considera ser de um outro gênero, transcendental, gosta tanto de *Diário de um mago* quanto *O alquimista*, ambos de Paulo Coelho:

> — Para não dizer que nunca li poesia, li os livros do Waly Salomão, que é o meu guru, meu mestre. Eu tinha que ler. Gosto muito mais dos poetas do que de suas poesias.

A primeira publicação que leu "de ponta a ponta" foi a Bíblia. Incluindo todas as partes do Velho e do Novo Testamento. Depois leu o Alcorão e a Torá. Fora isso, biografias de Winston Churchill, Ernesto "Che" Guevara e Roberto Marinho.

— Gosto muito de biografia, de livros que tenham a ver com guerra, histórias de superação. As pessoas me dão livros, mas não consigo ler em papel. Quando me interessa, baixo a versão eletrônica.

Foi tortuosa e curiosa sua trajetória até se tornar um respeitado produtor cultural.

Filho do taxista José Pereira de Oliveira e da auxiliar de enfermagem do extinto INPS Clenair de Almeida Coutinho, não tem a menor ideia de como seus pais se conheceram:

— Minha mãe nunca me contou. Nunca perguntei também. A relação, nesse ponto, é seca. Minha mãe nunca comemorou nada. É diferente. Não sinto falta disso. Nunca comemoro aniversário, Natal, dia das mães ou dos pais. Páscoa para mim é legal porque gosto de comer ovo de chocolate.

Acha que sua mãe ficou "seca" porque perdeu a mãe aos 9 anos:

— A partir daí, ela nunca mais comemorou nada. Morei com ela até os 32 anos. Se você mora com uma pessoa com esse comportamento até os 32 anos, vai fazer o que depois? Você não tem vontade.

Sobra, contudo, emoção entre os dois:

— Minha mãe é o grande amor da minha vida. Se não fiz nada de errado, nunca roubei, foi por causa dela. Fiz tudo na vida para não fazer minha mãe sofrer ainda mais.

Seu pai, ao contrário, era um exemplo do que não queria ser. Desde cedo, recomendava que arrumasse mulher para ser sustentado e, mais recentemente, estimulava que pegasse dinheiro dos projetos do AfroReggae para uso pessoal:

— Ele só me dava orientação errada. Sou um cara vaidoso, e já era antes. Mas, quando comecei o Afro-Reggae, só tinha um tênis da marca Power todo ferrado colado com Super Bonder. Mesmo eu colando, abria. Então eu andava com o pé meio virado. Eu tinha vergonha de pedir as coisas para minha mãe. Minha participação no AfroReggae se deve muito a ela. Ela permitiu que eu sonhasse. Num passado recente, você tinha que trabalhar com 14 anos. Hoje é exploração de menor, se não for aprendiz. Se não trabalhasse, era considerado vagabundo. Hoje, as leis não permitem. E trabalhava mesmo. Meu pai achava que ela passava a mão na minha cabeça, mas, não. Ela me questionava, cobrava, mas queria que eu fosse feliz. Uma vez, eu quis trabalhar na Moto Discos, na Rua Sete de Setembro. Era uma referência nos anos 1980. Achava incrível ser vendedor de disco. Cheguei à loja, perguntei ao gerente se tinha vaga, ele falou que sim e me botou para lavar banheiro. Lavei e fui embora. Não voltei mais. Não fiquei mais de três horas no lugar. Minha mãe entendeu minha recusa.

Se seu pai violento sob o efeito de bebida o afastou do álcool, foi a mãe que fez com que cigarro não entrasse na sua vida. Na verdade, por um mau exemplo:

— Eu me considero muito sequelado com meu passado. Meu pai bebia e batia muito na minha mãe. Por isso, ela fumava sem parar.

Também foi por uma situação familiar traumática que não entrou no mundo das drogas. Era sua, aos 12 anos, a missão de comprar cocaína para seu cunhado. Luís Fernando de Medeiros Baptista — casado com sua irmã Rose Mayre —, já falecido, era uma espécie de ídolo, uma referência, e ficava num estado deplorável e assustador:

— Nunca experimentei nada, nem champanhe. Tenho ojeriza a álcool, droga e tabaco. Sempre fui destemido, mas sempre tive medo de magoar as pessoas. Meu maior medo era magoar minha mãe, que era muito sofrida: virar bandido, ir preso, beber, fumar, usar drogas. Já estive em ambientes em que todo mundo estava se drogando e nunca tive vontade. Até hoje saio de perto. Se eu for a qualquer local ou evento, com artistas ou bandidos, e tiver alguém fumando maconha, eu não fico perto. Tenho nojo de droga lícita e ilícita. Nunca tive vontade de usar drogas. Com relação a álcool, se tem uma bebida que me atrai é o vinho. Se eu bebesse, beberia vinho. Ele me atrai até pelo lado do sagrado, mas nunca experimentei nada. Por medo.

Não virou bandido, mas tem ao menos uma lembrança confessa de uma fracassada tentativa de agir fora da lei:

— Tentei roubar uma lata de Color Jet porque eu era pichador, mas fui pego e o chefe da segurança foi muito bacana comigo. Pela tradição, pegava mal pichador comprar latas de tinta. O lance era roubar, mesmo que tivesse dinheiro. Fui roubar na Casa Cruz (papelaria). Botei na bolsa, fui saindo, me seguraram na porta. O chefe da segurança me levou para uma sala. Pensei que iria engrossar, mas ele me perguntou com calma: "Está roubando isso aqui para quê?" Falei: "Para pichar." Ele falou que não tinha nada a ver, deu uns conselhos e me dispensou. Nunca mais tentei.

Tem três irmãs. Por parte de mãe, Rose Mayre Coutinho Fraga Medeiros Batista, vendedora de plano de saúde, e Rose Neide Coutinho Fraga Villardo, que trabalha com artesanato. Por parte de pai, Josecler Pereira de Oliveira, que foi assessora parlamentar do PSOL. Da família em que nasceu só é ligado à mãe.

— Não convivo muito com minha família. Não sei há quanto tempo não vejo minhas irmãs. Não vejo, não tenho contato, não ligo. Elas até me procuram mais do que eu a elas. Não sei, é meu jeito. Não tenho contato com ninguém da minha família. Só minha mãe. Gosto muito da Neide e sei que ela fica chateada com minha ausência, mas nem eu sei por que sou assim. Às vezes me sinto meio autista, vivo no meu mundo e sinto falta de "voltar para casa", mas não é a minha casa em Niterói ou a da minha mãe.

Junior nunca teve curiosidade de perguntar, mas sua história começou dentro de um táxi, um elemento realmente marcante na sua vida. Quem conta, meio envergonhada, é dona Clenair. Porque o romance com o motorista José pegou logo de primeira, assim que baixou o taxímetro:

> — Eu trabalhava no Hospital de Ipanema e tinha um emprego em um consultório na cidade. O pai dele era taxista. Eu estava atrasada, fiz sinal e aí o conheci.

A personalidade retraída de sua mãe, avessa a comemorações, foi formada por muitos traumas. De uma família alagoana de um total de treze irmãos, aniversário não era data fora do comum. Perdeu a mãe cedo, na época do Natal, o que criou um mal-estar com a data. E, acima de tudo, as surras que passaria a receber do marido começaram com seu próprio pai. Quando veio para o Rio, aos 12 anos, trazida por Odinete, uma amiga da madrasta, seu rim direito não funcionava mais de tanta pancada. Teve que operar para retirar o órgão.

Assim como acontecera anos antes com uma irmã, veio fazer curso de auxiliar de enfermagem na Santa Casa de Misericórdia. Não era um internato. Mas, como não tinha onde ficar, dormiu por lá, como pôde, durante os dois anos de aprendizado. Hoje tem 78 anos. Junior nasceu quando ela tinha 31, de maneira não planejada ("Quando vi, estava grávida"), de parto normal ("Tranquilo"). Amamentou durante seis meses ("Tinha que trabalhar"). Escolheu o nome do marido — sobre quem prefere não comentar — para o filho. Embora mãe de quatro filhos, Clenair não só não esconde, como faz questão de proclamar sua predileção pelo único homem:

> — As irmãs sabem e vivem me cobrando. Ele é mesmo meu xodó! Amo de paixão!

Diga um artista bonito?

— Marlon Brando.

Quem é mais bonito, Marlon Brando ou Ju...?

— O Junior! Não tem ninguém mais bonito que meu filho.

Seu único senão é quanto às tatuagens, mas nem disso reclama. Argumenta que sofreu muito com a severidade do pai e buscou outro caminho para educar. Justifica ter ficado mais grudada a ele por ter sido uma criança "doentinha":

— Ele tinha muita bronquite. Um dia a empregada deixou ele sem camisa. Quando cheguei do trabalho, o peito dele já estava chiando. Toda hora eu levava à Clínica Barreiros, para ele ir para o balão de oxigênio.

Quando não tinha empregada nos seus plantões, levava Junior para o trabalho vestido como se fosse médico:

— Comprei calça e camisa brancas, tênis branco. Ele ia comigo para o hospital se fingindo de médico.

Isso com ele entre 10 e 13 anos. Sofreu, mas foi permissiva com o mau desempenho do filho na escola.

— Nos estudos sempre foi mal. Quando ele estava no Liceu de Artes e Ofício, um dia, conversando no hospital, uma colega, do nada, falou que estava com muita pena de um garoto. O genro dela era supervisor da escola e contou a ela que iria expulsar o menino. Perguntei o nome e ela disse "Junior". Fiquei apavorada e pedi à minha chefe para chegar mais tarde no hospital e fui ao Liceu procurar o supervisor. Eu me apresentei, disse que era a mãe do Junior e pedi pelo amor de Deus para não mandar meu filho embora porque ele ia se corrigir. Sabe o que ele fazia? Vinha reclamação na caderneta e ele assinava meu nome. Nunca tomei conhecimento do que ele fazia na escola. Ele foi muito peralta lá. Deu trabalho para estudar. Nunca castiguei meus filhos porque sofri muito na mão do meu pai quando era criança. Papai batia, e eu não ia fazer isso com meus filhos.

Apesar do histórico, Junior acabou se realizando profissionalmente. O sonho da mãe era que fosse jornalista. Quando abandonou uma possível carreira para entregar jornal, foi uma decepção:

— Arranjei para ele trabalhar na Varig. A filha da minha colega era aeromoça e pedi para arrumar uma vaga para o Junior. Ela conseguiu. Era um orgulho para mim quando via ele vestido com a roupa da Varig. Parecia um piloto, sabe? Todo bonitinho. Ele tinha um amigo chamado Vladimir, que era policial e ficou incutindo na cabeça dele que ele tinha que sair e ser entregador de jornal. O que ele fez? Pediu demissão. Quando cheguei em casa e ele me mostrou o papel, se eu sofresse do coração, tinha tido um infarto. A minha paixão era vê-lo com a roupa da Varig. Ele foi ser entregador de jornal.

Sua grande conquista, como Junior atribui, foi ele não ter ido para o caminho da criminalidade e das drogas:

> — Nessa época, a gente morava na Rua do Senado e eu já estava separada do pai dele. Tinha aquelas prostitutas que ficavam quase embaixo do prédio em que a gente morava. Eu ficava preocupada de ter briga na rua.

Muitos amigos de Junior acabaram indo para o mau caminho. Ela se recorda que um dos colegas do filho era Maurinho Branco, que chegou a ser o sequestrador mais temido do Brasil na década de 1990. Foi ele quem sequestrou o empresário Roberto Medina, libertado em troca de um resgate de 2,5 milhões de dólares. Poucos meses depois, Maurinho foi morto por agentes da Polícia Federal no Largo da Carioca, no Centro do Rio de Janeiro. Os policiais se empenharam em capturá-lo após a informação de que o bandido planejava sequestrar os filhos do então presidente da República, Fernando Collor de Mello.

Quando perguntada se ainda tem algum sonho para Junior, dona Clenair responde:

> — Ver meu filho sem os seguranças, andando livremente, sozinho na rua, a pé.

Muito religiosa, mantém seu confortável apartamento perto do Centro decorado com imagens de santos e Jesus Cristo. E tem um cantinho que funciona como altar:

> — Não faço outra coisa na vida a não ser rezar. Todo dia peço muito a Deus que proteja meu filho, a família dele, todos que trabalham com ele. Que livre ele da maldade, da violência, da inveja; afaste todo e qualquer perigo.

Contida nos gestos, explode em lágrimas ao imaginar o pior drama que pode acontecer para uma mãe:

— Quero ir primeiro que ele. Peço a Deus que nunca tire meu filho de mim. Tenho minhas filhas, mas ele é tudo que tenho.

Junior é casado com Alessandra Vale Lins. Ser sua mulher é barra-pesada. A começar pelo risco permanente. Ele é muito requisitado: a casa está sempre cheia de visitantes, há refeições para todo mundo. O casal tem cinco filhos: Narayana, de 15 anos; Nataraja, de 12; Arjuna, de 7; Krsna, de 5; e Lakshmi, de 2. Ainda há outro, T., de 2 anos, fora do casamento. Não revela o nome dele nem da mãe, nem como a conheceu, por questão de segurança. Como não moram juntos, não tem como garantir a mesma proteção policial dos demais. O surgimento dessa criança foi uma complicação na vida do casal, mas agora parece estar resolvido. O relacionamento com Alessandra começou há 15 anos, quando ela tinha 20 e trabalhava na área administrativa de uma ONG presidida por Junior, em Vigário Geral. Ela que conta:

— Fui levar uns documentos para ele assinar e foi paixão à primeira vista. Eu era noiva e terminei o relacionamento para ficar com ele. Assumimos o namoro e planejamos tudo muito rápido. Já sabíamos que queríamos ter muitos filhos.

Pretendem ter mais?

— O Junior é meu sexto filho. É o que dá mais trabalho.

Junior diz que é um pai presente, mas Alessandra nega categorica-mente. Ele reconhece que é muito carinhoso e brincalhão com as crianças, mas não pega no pesado, e se defende:

> — Já fui ausente, mas não sou mais. Tenho muitos buracos, mas procuro estar sempre próximo. Brinco e aconselho quando posso. Dormem comigo quase todo dia, abraçados. A gente fica junto, conversando, vendo desenho, todo dia.

Cobra desempenho na escola?

> — Não. Não sou linha dura, pois já sou coordenador do AfroReggae 24 horas por dia. Na verdade, eu tumultuo. Dou coisas escondido para eles: dinheiro, sorvete etc. Se a mãe proíbe de fazerem algo, faço escondido com eles.

Para Alessandra, a maior qualidade de Junior é sempre tentar se superar e nunca desistir do que quer. E seu defeito é ser inflexível como cidadão e ser humano.

> — Fico dividida entre apoiar a figura pública e pre-servar o meu marido, pai dos meus filhos. Quando há confusão, uma parte de mim apoia porque ele está do lado certo. Mas outra teme pela vida dele e da família. Meu primeiro sentimento é o de que não vale a pena correr riscos. Isso limitou a liberdade da família, mas

ele fez o que tinha que fazer. Quando morava em Vigário Geral, sempre fugi de homens envolvidos com o crime porque não queria viver escondida, cerceada. E nós estamos nessa situação hoje. Só que ele não é criminoso.

Alessandra afirma administrar bem o notório assédio que o companheiro sofre por parte das mulheres e diz não ter ciúme.

— Não sou ciumenta. Nem uma gota.

A maior queixa é:

— Ele não faz o tipo romântico.

O criador do Prêmio Orilaxé, com edição dedicada à diversidade sexual — "Viva e deixe o outro viver" —, só derrapa na curva na hora de falar sobre as suas primeiras experiências na juventude. De saída, nega com tanta veemência ter feito sexo com homens que ele mesmo se sente na obrigação de corrigir, imediatamente:

— Tive, sim. Já comi veado. Naquela época era normal.

Sua primeira explicação soa como justificativa, e não vai agradar aos militantes contra a homofobia que tanto apoia:

— Era cultural, uma coisa normal. Não tinha sentimento. Pensei em não falar, mas tive dúvida. Foram três. Não teve clima. Um cara com 14 anos, era normal você se masturbar com mamão, melancia, por exemplo.

Junior acaba assumindo que um relacionamento com outro homem abriu caminho para um dos traços mais fortes da sua personalidade:

> — Acho legal falar. Esse cara, por exemplo, Sete. Eu tive relação sexual com ele. Foi, inclusive, o cara que me ensinou questões esotéricas e ocultismo. Cromoterapia e magia. Fazíamos exercícios mentais. Foi o cara que me deu o start. Isso me rege a vida até hoje. Eu tinha uma mediunidade muito aflorada. Começou quando eu era criança e ele foi o cara que organizou a minha cabeça com relação a isso. Inclusive, passou a namorar vários amigos meus. Era um cara que protegia uma prostituta conhecida como Bruxa. Ela também mexia com esses lances. Ele não era cafetão; era o segurança, porque matavam as prostitutas naquela época. Queriam transar, bater e não pagar. Então, ele era meio que o segurança daquela região. Na questão do esoterismo, da magia e da energização, dificilmente eu seria quem sou se não tivesse conhecido o Sete.

Esses encontros aconteceram em 1982. E as conversas, na maioria das vezes, eram pelas ruas mesmo, na esquina da Rua Tenente Possolo com a Rua do Senado, ou na Mem de Sá e na General Caldwell. Na sua memória, Sete era um homem magro e também ligado às artes marciais. Praticava kung fu e caratê. Afastaram-se com o tempo.

E o sincretismo religioso ambulante e as muitas tatuagens em seu corpo são uma prova disso:

— Um grande Shiva: o deus hindu da destruição e da transformação; a estrela de David: uma divindade das culturas judaica, cristã e islâmica; o elmo de Thor: da mitologia nórdica, com seu martelo, associado a trovões, relâmpagos e tempestades, proteção da humanidade, força, santificação, cura e fertilidade; uma cruz diferenciada: usada muitas vezes nas cruzadas, diziam que se botasse na couraça, caso o guerreiro atingido fosse morto, poderia ressuscitar; o faraó Tutancâmon: gosto do Egito; um samurai: batalha com honra e ética; uma coroa com uma espada: poder acima de tudo, para o bem ou para o mau, no meu caso, para mudança e transformações; um Ogum: meu orixá.

Também usa duas argolas como brincos, uma em cada orelha:

— Botei uma em 1998 e a outra em 1999. Qualquer conexão mística, espiritual e energética tem a coisa das argolas e dos círculos. Não vejo como um brinco, mas um círculo. Tudo que estou usando tem um porquê.

Vamos às pulseiras:

— São três, com desenhos usados na época das Cruzadas e dos guerreiros.

E os anéis:

— Têm vários simbolismos ligados ao candomblé. É prata. Tem Ogum e Xangô, o machado, a espada, várias ferramentas, armas e indumentárias. Um deles comprei em Medelín, na Colômbia, cultura inca.

Já sem ter onde colocar tanto penduricalho, encomendou outra penca de anéis. A novidade é que agora cria e pede a um artesão para executar. Os novos são grandes: um é um faraó cercado de símbolos egípcios, outro tem uma estrela de sete pontas.

Também passou a usar mais um com símbolos africanos, enviado pelo mesmo babalaô nigeriano que alertou que, além de Ogum, deve devoção a Xangô.

Com tantos adereços, a ponto de ter que tirar para dormir, não usa aliança de casado de jeito nenhum. A mulher não fica chateada?

— Não. Sou um homem mais moderno.

Quem manda na sua casa?

— Eu achava que era eu, mas são as crianças. Temos cinco TVs. Tem dia que para eu assistir tenho que usar da autoridade de pai. Mesmo assim, acabo sufocado e abro mão. Tomaram meu iPad, meu computador e um dos telefones. Eu só tenho posse de um celular, que tenho que esconder deles.

Sua primeira namoradinha foi Ivete. Eram colegas do Liceu de Artes e Ofícios. Isso foi de 1982 para 1983. Na sétima série, tinha 14 para 15 anos; ela, na quinta série, de 12 para 13. Seu atrativo foi se apresentar como o palhaço da encenação de um bumba meu boi na escola. E colou. Registra esse relacionamento como relevante, porque durou quase um ano. E, até casar com Alessandra, suas relações normalmente não chegavam a um mês.

Sexo pela primeira vez foi com uma prostituta na Rua Carlos de Carvalho, antigo número 60. Sem lembrar o nome e a descrição física, só se recorda de que tinha a pele clara e cabelo castanho para loiro.

Da educação sexual para a escola. Enfatiza que nunca estudou em colégio público, que o pai fazia questão de pagar pelo ensino. Dinheiro desperdiçado: foi um desastre como aluno.

O antigo primário foi na Peninha Verde, em Olaria. Estudava à tarde. Pela manhã, vagava pelas ruas e jogava bola.

> — A professora que eu mais gostava era a Margareth. Eu devia ter 8 ou 9 anos. Quando ela saiu da escola eu chorei muito.

O antigo ginásio foi no Liceu de Artes e Ofício, na Praça XI, Centro. Foi reprovado na sétima série:

> — Eu era mau aluno. Sempre ia bem em história, geografia, mas era muito fraco em português, matemática, física, química e biologia. Eu era ruim, nunca gostei. Engraçado: os professores de quem eu mais gostava eram os das piores matérias. Tive um professor que me reprovou, Franklin, que, coincidentemente, reencontrei há pouco tempo quando ganhei a Medalha Pedro Ernesto (da Câmara de Vereadores do Rio). Estava assessorando a vereadora Aspásia Camargo, que me deu a medalha.

Após a nova reprovação, ficou um tempo sem estudar. Depois disso, foi para o colégio Pinheiro Guimarães, no Catete. Educação num modelo heterodoxo. Apesar de a instituição ter fama de ser PPP ("papai-pagou-passou"), já era quem arcava com a mensalidade e não teve dinheiro para a "taxa extra":

— Não considero que tenho o ensino médio. Apenas descolei um diploma. Uma vez tive uma reunião com o diretor, na qual ficou acertado que eu lhe daria uma garrafa de uísque ao final de cada semestre em troca da aprovação. Prefiro não citar o nome dele. Lembro de uma prova que fiz e tirei zero. No boletim veio 7,5. Eu não podia era atrasar a mensalidade. Ele falou que de vez em quando ia me deixar de recuperação, mas tudo bem.

Várias instituições ofereceram uma complementação curricular, mas não topou.

— Se for para ser politicamente correto, vou dizer que me arrependo. Mas não. Se fosse estudar agora, não teria tempo para criar e produzir meus projetos. Sabe por que não sinto falta de estudo? Porque fiz o meu pós-doutorado na rua. Eu sei ver se um cara é veado ou não, mesmo que ele seja enrustido. Sei porque cresci nesse meio. Sei se é viciado ou não, usuário ou não. Você percebe porque são movimentos coreográficos de pescoço, o jeito de olhar, a maneira como a pessoa mexe a boca. Não me orgulho de não ter estudado, mas seria leviano dizer que sinto falta. Não sinto, de verdade.

Foi na rua que aprendeu a lição que considera a mais importante da sua vida e que ainda influencia suas ações e reações:

— Tem muita coisa do meu passado que até hoje não contei para ninguém. A começar pela história que foi um divisor de águas na minha vida. Sou o que sou por causa dela. Entrou um comercial do McDonald's na televisão no início dos anos 1980. Era novidade, porque a gente só conhecia o Bob's. Eu e o Guilherme, meu melhor amigo, juntamos dinheiro durante trinta dias para comer um hambúrguer, uma Coca-Cola e batatas fritas. Só havia três McDonald's no Rio. Fomos na Rua São José, que era a loja mais perto. Fomos a pé. Na volta, o Guilherme e eu resolvemos, em vez de pegar a Rio Branco, ir por dentro da Uruguaiana. E entramos numa de ir chutando portas do comércio. Era um sábado, eram umas 21h e estava muito deserto. Numa das portas que chutamos, um alarme disparou. Apareceram muitos policiais. Eu não tinha a sagacidade que o Guilherme tinha. Ele era mais novo do que eu um ano, gordo e negro, mas corria mais do que eu. Eu ainda não lutava boxe, só depois que aprendi a brigar, a correr em zigue--zague. Um policial começou a dar tiro para o alto. O Guilherme disparou, foi longe. Eu parei na hora, chorando, apavorado. Eu tinha uns 12 anos. Os policiais já estavam me cercando, quando notei que, lá longe, o Guilherme havia parado de correr. De repente ele veio feito um doido, começou a correr em nossa direção, em zigue-zague, como se viesse me resgatar. Os policiais não entenderam nada. Parecia um desenho animado. Só que, quando ele chegou bem perto, parou. Até os policiais estranharam. Resultado: apanhou mais do que eu. A gente apanhou muito nesse dia. A polícia viu que a gente não tinha roubado nada. Bateu porque, na época, era o que se chamava de medida "corretiva". Hoje é violência policial. Quando voltávamos, perguntei: "Guilherme, você é maluco? Por que não foi embora?" Aí, ele: "Eles te pegaram." Respondi: "Mas você tinha que ter ido embora, cara". Ele insistiu: "Não." Eu fui sincero e disse que não teria voltado por ele. Foi foda, ele mandou esta: "Essa é diferença entre mim e você. Eu voltei por você e você não voltaria por mim." Ele era um ano mais novo que eu. Desde então, passei a voltar por todo mundo. Volto por causa do Guilherme, que é o meu grande inspirador. O que ele fez por mim me obriga a voltar, sempre. Ainda mais porque ele já morreu. A minha visão da vida, de lealdade, mudou. Até hoje, quando penso que alguém precisa de ajuda, vem o Guilherme à cabeça. Meu passado deixou muitas sequelas, mas nada me faz sofrer mais do que os meus amigos terem morrido. Penso por que eles morreram e eu estou vivo. Quase todo mundo morreu. É uma coisa meio sem explicação para mim. Quando criei o Afro-Reggae, eu disse que nunca mais ia morrer ninguém. As pessoas continuam morrendo. Continuo vivo. Logo eu que achava que morreria cedo.

No relato sobre sua vida, é o primeiro momento em que chora. Em silêncio. Demoradamente.

Desde o episódio com Guilherme, tem esse compromisso de sempre "voltar", mesmo quando não há nada a fazer. Por lealdade extremada.

Em 2004, num confronto entre traficantes, espalharam o boato de que os policiais do Bope estavam entrando na favela disfarçados com camisetas do AfroReggae junto com integrantes do grupo.

Um dos chefes do tráfico, do Terceiro Comando, que fazia parte do bando de Parada de Lucas e que hoje está no AfroReggae, ligou dizendo que iria à sede em Vigário Geral e que, se cruzasse com alguém do grupo junto com o Bope, iria matar todo mundo.

> — Estava em outro lugar e fui correndo, mas não para mediar. Não tinha o que fazer. Fui para morrer junto. Não ia conseguir sobreviver se aquelas pessoas tivessem morrido.

Quando chegou, a Associação de Moradores de Vigário Geral, onde funcionava temporariamente a entidade, estava cercada por dezenas de traficantes e moradores. Anderson (Francisco dos Santos Sá, um dos integrantes do AfroReggae, hoje coordenador de estúdio e cantor da banda) saiu para falar com o traficante. Quem tinha visto o suposto policial vestindo o disfarce apareceu. Era um velhinho que segurou a versão com muita convicção, deixando todos atônitos.

Quando chegou, certo de que iria morrer junto, já estava todo mundo rindo.

Após alguns dias surgiu a informação de que alguns integrantes do Comando Vermelho queriam matar Anderson. Iriam simular um assalto e executá-lo.

Anderson é um personagem especial na história do AfroReggae. Chegou a estrelar um premiado documentário sobre o grupo:

> — Era um garoto criado pelos pais, que não esperavam ter outro filho. A mãe fez vários abortos. Ele é temporão. De origem muito simples, ele queria ser ascensorista ou trocador de ônibus. Era muito preguiçoso, ele mesmo admitia. A mãe juntou dinheiro durante um tempo

para comprar um tênis para ele porque tinha medo de que entrasse para o crime para conseguir a grana. Ela parcelou em dez vezes. Para ver o impacto dessa despesa, eles pararam de comer carne e passaram a comer só ovo e salsicha por causa desse tênis. A mãe preferiu esse sacrifício para ele não virar bandido. Era merendeira em uma escola em Parada de Lucas e ajudou muito um garoto que não tinha mãe nem pai. Era o Furica, já morto, que, com o decorrer do tempo, virou o todo-poderoso do Terceiro Comando no local. Eles tinham uma relação forte. Se não fosse pelo AfroReggae, teria ido para o caminho errado. O Anderson tem aquela história do acidente que sofreu — aos 24 anos, foi surpreendido por uma forte onda na praia do Arpoador e sofreu lesões nas vértebras —, em que ficou tetraplégico e o doutor Paulo Niemeyer foi incrível. Também teve um trabalho espiritual muito grande que nós fizemos. Foi presidente, cantor da banda e protagonista do filme *Favela Rising*, que abriu o mundo para a gente. É um cara que acho que poderia ter feito mais coisas, mas acabou se acomodando.

Nessa época, o Elias Maluco estava preso em Bangu 1. Fez chegar a Junior que seu colega estava jurado de morte.

— Estávamos gravando no estúdio do Liminha (famoso produtor musical Arnolpho Lima Filho) com o cantor Manu Chao e, de repente, nossos telefones começaram a tocar ao mesmo tempo. Eram moradores da favela e bandidos explicando que houve um mal-entendido, coisa e tal, que a barra do Anderson estava limpa.

Ninguém entendeu a mudança de clima até descobrirem que Elias tinha mandado o seguinte recado: "Se o Anderson tropeçar numa pedra, eu não vou achar que foi coincidência. Se tocarem nele, estarão tocando num parente meu. Ninguém tem que se meter com o garoto." A situação se inverteu, a bandidagem passou a proteger o Anderson.

Elias justifica a boa vontade que sempre teve com o líder do AfroReggae por ser "independente", sem ligação com facção alguma. O mais curioso é que o então chefe do tráfico, Fofo, que iria acabar com todo mundo, hoje trabalha no AfroReggae. Às vezes cuida até da sua casa e dos seus filhos. E gosta de repetir que está disposto a morrer por Junior e sua família.

Da longa lista de amigos que morreram, Guilherme, o que voltou para apanhar junto, foi um dos poucos a não ser vítima da criminalidade. Teve Aids. Nesse período e na sua região, esta doença era uma "bomba atômica". O outro foi o policial civil Vladimir, considerado o mais bem-sucedido da turma, que não sobreviveu a um acidente de moto, debaixo do viaduto Paulo de Frontin.

Cristiano, programador de computador, foi assassinado depois de um baile do Clube América, na Tijuca. Discutiu com seu outro amigo, também chamado Júnior. Este pegou sua moto, quando Cristiano saiu, e atirou. Júnior, o criminoso, foi assassinado algum tempo depois. Era irmão do Boquinha, outro conhecido seu, que morreu também, um tempo depois do irmão.

Marcelinho andava de moto e tomou tiro da polícia na esquina da Rua Frei Caneca com a Rua do Riachuelo.

Anderson Alves, o Bigu, foi o primeiro integrante do AfroReggae a ser morto. Era office-boy. Foi encontrado com um tiro na cabeça, não se sabe o motivo. Existe até a hipótese de ter sido suicídio ou acidente com uma pistola que usava de onda:

> — Olha que doideira: ele estava perto de uma boca de fumo, mas parece que se matou, sem querer, brincando com a arma. Ele tinha, se não me engano, uma 765, pelo que sei, que parecia estar quebrada e as pessoas brincavam com ela. Nunca saía tiro dela.

Como chegou ao Hospital da Posse sem a arma, nada foi apurado:

> — Se meus amigos não morressem, eu não viraria líder. Só virei porque eles morreram e deixaram um vácuo. Eu, com 21 anos, era o cara mais velho de onde eu circulava. Juro que não queria ser líder de porra nenhuma. É muito problema. Sempre me emociono quando falo deles. Essas sequelas nunca vão passar. Sou leal porque sei que alguns deles morreriam por mim.

É chocante. Mais ainda porque esta matança na juventude não é peculiar apenas ao seu círculo de amizade. Não é só coisa de destino, como às vezes sentencia. Nem ficou no passado. Estudo da Secretaria de Direitos Humanos da Presidência da República (SDH/PR) com o Fundo das Nações Unidas para a Infância (Unicef), o Observatório de Favelas e o Laboratório de Análise da Violência da Universidade do Estado do Rio de Janeiro (LAV-Uerj) sobre o Índice de Homicídios na Adolescência (IHA), divulgado no início de 2015, estima que mais de 42 mil adolescentes brasileiros, de 12 a 18 anos, poderão ser vítimas de homicídio em cidades com mais de 100 mil habitantes, considerando um período desde 2013 até 2019. Ou seja, num grupo de mil pessoas com 12 anos completos em 2012 (quando a pesquisa começou), 3,32% correm o risco de serem assassinadas antes de chegar aos 19 anos. A taxa aumentou 17% em relação a 2011, quando o IHA chegou a 2,84%.

A polêmica tese pela redução da maioridade penal não sai da pauta, provoca ataques e defesas passionais, tendo sido até tema de campanha presidencial. Essa realidade e essa discussão no mínimo comprovam que o Brasil não anda cuidando bem dos seus jovens Junior é contrário à redução da maioridade penal.

Além de lições de moral, ainda no currículo da faculdade da rua, prostituição, jogatina, tráfico, violência, muito baile funk:

> — A rua tinha uma coisa muito forte de aprendizado. Um moleque do subúrbio era mais bobo do que o do Centro. O do Centro era muito esperto. Puta na porta de casa, travesti, veado, polícia, bandido... A sagacidade era do Centro. Quase todo dia morria alguém. Jogatina, cassino clandestino. A taça Jules Rimet foi derretida ao lado da minha casa. Com 16 anos, já tinha na minha mão nota de 100 dólares. Falsa. A gente sabia distinguir. Era feita por ali.

Dentro de casa, televisão e video game. Seus amigos usavam Odissey, mas preferia Atari.

Na sua visão, no passado, esse ambiente de rua, especificamente no Centro do Rio, era muito rico culturalmente.

Na verdade, seu mal desempenho na educação não é tão bem resolvido assim. Mesmo convivendo com violência e risco de ser morto, seu pesadelo mais recorrente é com a sua imagem, menino, numa sala de aula. Nenhuma ação trágica, apenas a cena dele sentado na cadeira em frente ao quadro-negro traz um clima que é motivo de repetido tormento:

> — Tenho trauma da escola. É o meu pior pesadelo: eu numa escola, como aluno. Nunca sofri bullying, nem fui maltratado. É pelo desempenho. Eu era muito ruim. Me vestia mal, era feio, sem autoestima alguma. Pode ser um conjunto. Até hoje tenho dificuldade de ler. Me sentia burro, mas ninguém nunca me chamou de burro. Seria muito mais fácil culpar os outros.

Muito bem articulado, exímio negociador, excelente memória e com cultura geral muitíssimo acima da média, ainda tem problema na leitura. Nas gravações de programas, tem dificuldade em ler os textos para fazer as "cabeças" (trecho de abertura de reportagens). Mas basta alguém repassar e o conteúdo é rapidamente assimilado. A brincadeira é que, na pedagogia, segue a tradição indígena: achou seu caminho para o conhecimento pela cultura oral.

Já fez letra de música gravada por Caetano Veloso e Negra Li, mas não se encontra lendo e escrevendo:

> — As pessoas gostam do que escrevo, mas, é claro, tem que ser revisado. Já fiz música, não tenho mais interesse. O meu lado mais criativo e artístico está voltado para o conteúdo televisivo e os projetos.

Na trajetória profissional, também foi errático. Atirou para tudo que é lado até se encontrar como ativista social e cultural:

— As pessoas me veem como um empreendedor bem-sucedido. Tudo que eu fiz na vida deu errado. Só fiz uma coisa que deu certo: o AfroReggae.

O primeiro fiasco foi não ter conseguido ser paraquedista. Por culpa sua mesmo. Mais uma vez, arrumando confusão. Logo na hora da seleção:

— A gente estava numa arquibancada de madeira, um soldado chegou e gritou para um sujeito que estava ao meu lado: "Meu irmão, você é de onde?" Nem ouviu a resposta direito e mandou o cara fazer flexões, na maior humilhação. Quem não me conhece, me acha marrento, calado e muito sério. Sempre fui assim. Eu não falava com ninguém. Fiquei vendo aquele cara ser humilhado e aquilo começou a se transformar em um vulcão. Tenho um vulcão em mim. É um vulcão adormecido, mas, quando entra em atividade, tenho muito medo. Quando eu vi o cara sendo humilhado... Nunca estive com aquele cara na vida... O militar botava mais terror: "Agora bate palma e faz flexão." O cara já com os olhos cheios de lágrimas. O soldado, que era o triplo do meu tamanho, perguntou quem era de Bonsucesso. Eu não levantei o braço. Me caguetaram. Ele falou: "Ô, negão. Não vai levantar o braço, não?" Ele tinha acabado de humilhar o outro cara. Olhei bem nos olhos dele, que disse: "Ô, meu irmão. Estou falando contigo." Continuei sério. Ele insistiu: "Porra, meu irmão. Vou ter que te arrancar daí? Desce." E eu olhando, quieto. Quando ele subiu os dois primeiros degraus eu avisei que ele iria descer rolando e que eu iria cobri-lo de porrada. Ele se assustou e chamou reforço. Vieram no total quatro. Como eu brigava na rua, encarava dois, três. Eu tinha um preparo físico absurdo para quem não era atleta profissional. Quando ele voltou com quatro, eu entrei numa de comer todos na porrada. Já não queria ficar mais no Exército. Gritei: "Abre a roda porque eu vou meter a porrada nos quatro." Ninguém acreditou. E eu não era tão forte, não, mas tinha um corpo legal. Eles ficaram sugestionados pela minha atitude e foram chamar um sargento. Ele perguntou se eu tinha ameaçado mesmo; confirmei, ele disse que eu ia sofrer no mato. Eu falei: "E quem disse que eu quero usar sapatilha marrom?" Era como se sacaneava paraquedista: sapatilhas marrons e boinas rosa. Ele falou: "Porra, você é abusado mesmo, hein?"

Nisso, por coincidência, chega o tenente Aragão, amigo do seu pai:

— "É contigo, filho do Oliveira?" Eu confirmei. Eu tinha uma saída. Sempre tenho uma carta na manga. Eu tinha escondido que tinha um troço no joelho.

Realmente tinha sinovite — inflamação na parte interior da articulação. Só que não impedia de fazer exercício, correr e dar chute nos outros. E nem haviam reparado no exame médico eliminatório:

— Fiz cara de quem não sabia que o problema era grave e fui ao médico do batalhão avaliar se esse problema poderia me trazer alguma complicação. Quando o médico me deu o veredito, lamentei que não conseguiria mesmo ser paraquedista porque não podia fazer canguru (flexionar as pernas e saltar para a frente).

Enfim, acabei provocando a minha eliminação por um cara que nunca vi na vida, mas que vi sendo humilhado. Aquilo mexeu comigo de uma maneira... Tenho problema com isso. Compro muita briga das pessoas. A maioria das confusões em que me meto não é por mim. É por causa dos outros. A vida toda foi assim, até hoje. Se você me perguntar se me arrependo de não ter sido paraquedista, vou dizer que me arrependo profundamente. Eu deveria ter sido paraquedista. Sou um cara muito disciplinado e respeito muito a hierarquia. Acho que a formação militar iria me trazer ainda mais disciplina e ia respeitar cada vez mais a hierarquia. Mas, naquele momento, o vulcão entrou em erupção. Quando isso acontece é foda.

Jamais saberemos os riscos de ter um Junior daquela fase sobrevoando o céu da cidade.

O máximo que conseguiu com farda foi ser escoteiro do Grupo 65 Don Orione, em Santa Teresa.

E o mais próximo que chegou de trabalhar com avião foi justamente no seu primeiro emprego formal, na Varig. Só que, na hoje extinta companhia de aviação, não passou de estafeta (como se refere ao cargo), entregando as passagens emitidas em empresas parceiras pelo Centro e Zona Sul do Rio. Antes deste trabalho, fez um estágio na Caixa Econômica Federal, conferindo bilhete de loteria. Anteriormente, fazia biscate, como no buffet do padrasto, lavando copos em festas e eventos.

Depois surgiu a oportunidade de ganhar dinheiro usando a sua moto, como entregador de jornal. Primeiro de *O Globo*, onde nem se registrou, como ajudante do amigo Guilherme; depois, da *Folha de S.Paulo*:

— Todo mundo me perguntou como eu ia deixar um emprego bom, com carteira assinada, para entregar jornal, sem garantia nenhuma. Só que tinha o lance da moto, que eu curtia, e, naquela época, a cultura local era ser entregador porque os jornais ficavam por ali. *Globo*, *Folha de S.Paulo*, *O Estado de S. Paulo*, tudo no Centro. Então, entregávamos jornal. E os jornais preferiam contratar quem morava na área. A *Folha* pagava muito mais do que *O Globo*. *O Globo* pagava um salário mínimo e a *Folha* pagava até dez. Também trabalhava sábado, domingo, feriado, Carnaval, Natal. A gasolina era por nossa conta, mas valia a pena.

Lidar, digamos, com imprensa também não despertou seu interesse por leitura:

— Nunca li nenhum jornal que entreguei. Mal lia as capas.

Pisou na bola e foi rapidamente demitido:

— Estava chovendo. Coloquei o jornal no saco e joguei. Não fechei direito e ficou um pouquinho de ar dentro. Quando bateu no chão, o saco estourou. Maior esporro. Fui demitido e fiquei frustrado.

Ainda com a moto, foi ser entregador de quentinhas no Catete. Aí, foi funcionário exemplar, não caiu na tentação de filar a boia. Mas não por honestidade:

— Eu não gostava daquela comida. Não que fosse ruim, mas eu não gostava.

Em 1989, um encontro casual na rua provoca uma virada na sua vida e entra para o showbiz:

— Um dia, eu estava andando pela rua e já tinha um corpo legal. Por coincidência, tinha acabado de estrear o filme *Batman*, com Michael Keaton. Um cara começou a me seguir. Nunca tive problema com veado. Eu tinha vários amigos veados. Só que estava me incomodando, estava achando estranho porque eu não era um cara bonito. Só tinha um corpo legal. Perguntei se ele estava me seguindo e ele falou que estava. Eu falei: "Porra, você é muito cara de pau. Não tem medo, não?" Eu tinha cara de mau e o corpo todo definido. Eu era um cara que gerava receio nas pessoas. Ele falou: "Assim, garotão..." Interrompi: "Garotão? [porque quem era chamado de garotão era chegado a veado] Ô veado, eu não tenho problema com veado, não, mas você me respeite." Ele falou: "Veado? Eu? Por que eu sou veado?" Eu falei: "Vem cá, você vai ficar batendo boca comigo, meu irmão?" Ele: "Não estou batendo boca contigo, só quero te fazer uma proposta." Eu: "Meu irmão, eu não faço programa. Não tem proposta. Tem um montão de garotões aí que comem veados. Eu não como, não." Ele: "E eu disse que quero que você me coma? Eu sou veado? Falei que sou veado?" Eu: "Você está seguindo um homem, o seu jeitinho..." Ele: "Que jeitinho? Eu sou pai de família." Depois conversamos e ele disse que queria me chamar para fazer show. Eu falei: "Não sou leopardo, não." (Na época havia os leopardos, famosos bailarinos fortões de show de striptease masculino na Galeria Alaska, reduto gay do Rio nos anos 1980.) E ele falou: "Não, cara. Quero que você seja o Batman."

Surgia assim o Cavaleiro das Trevas do Centro. Até 1991, de segunda a segunda, quatro festas no sábado, quatro no domingo, foi o Batman do Rio, bombando na animação infantil. Seu show esteve presente na reinauguração de todas as Casas da Banha (rede de supermercados que chegou a ter duzentas e trinta lojas no país e que faliu em 1999). E atribui sua escolha basicamente ao corpo definido. Naquela época, reproduzir a roupa do Batman deveria ser muito caro e talvez não compensasse o investimento. A solução que ele encontrou foi meter uma lycra preta sob medida para a modelagem do corpo do nosso herói:

— Fazer o Batman acabou me marcando profundamente. Foi com o Batman que entrei na área cultural. Antes de eu fazer o Batman, a minha irmã tinha se separado do meu cunhado — aquele que injetava cocaína na veia — e arrumado um namorado que era cenotécnico do Chico Anysio. Ele percebeu que eu andava em situações meio confusas e complicadas e mentiu para mim dizendo que eu era muito talentoso para arte, uma técnica que uso até hoje, para estimular jovens inseguros ou pessoas que quero tirar de alguma furada. Disse que eu deveria fazer teatro e que o Chico ia adorar me conhecer. Recomendou que eu fizesse curso e alguma coisa ligada à técnica, iluminação, cenografia. Perto da minha casa, tinha a escola de teatro Martins Pena. Ainda morava na Rua do Senado. Fui fazer o curso e um estágio de iluminação. No começo, eu tinha muita vergonha.

De galo de briga machão das ruas para o palco:

> — Porra, eu lutava boxe! Teatro, até bem pouco tempo antes, assim como balé, é/era coisa de veado. Claro que eu fazia escondido. Ninguém sabia. Só que comecei a me desempenhar bem. No caso da iluminação, o horário era muito difícil. Eu entrava meia-noite e saía às quatro da manhã. Não ganhava nada e não era para ganhar mesmo. Comecei a me desempenhar bem e havia uns improvisos. Comecei a fazer o Batman com muita vergonha, mas o teatro me ajudou a quebrar isso.

Até na sua Liga da Justiça particular, uma dose de marginalidade com misticismo: o Homem-Aranha com quem passou a atuar era um ex-traficante evangelizador:

> — O nome dele era Padina, bem mais velho que eu. Ele traficava no Morro da Mineira. Gostava muito de evangelizar as pessoas, só que usava linguagem da rua, aquela cheia de expressões marginais, e acabava roubando a atenção de todos nós. Era uma boa companhia.

Como era de se esperar, a vida de Homem-Morcego também acabou em confusão:

> — Eu já estava de saco cheio porque a roupa do Batman era a mais quente que tinha no grupo. Eu só ficava com a boca e as mãos de fora... Era um calor de matar, eu derretendo com aquela capa, sem esquecer aquela máscara grudada no meu rosto cheio de espinhas. Eu suava muito. Quando eu tirava estava tudo inflamado. Tinha Leblon, mas também tinha Santa Cruz, Campo Grande, Bangu... Um dia, estava em Santa Cruz, puto, um inferno, e a maldita

bandinha não parava de tocar. É, tinha uma bandinha, chata para cacete. Eu estava lá, com uns 20 anos, veio um garoto que deveria ter uns 16, parou na minha frente, com cara de invocado. E eu: "E aí, amiguinho? Tudo bem?" Ele: "Tudo bem, Batman. Mas tu é o Batman mesmo?" Eu: "Claro, amiguinho." Ele: "Vamos ver se tu é à prova de balas." Puxou uma pistola. Meu irmão, falei bem carinhoso: "Que isso, amiguinho?" Abri a capa, dei um bote nele, dei uma gravata, e meti um montão de murros na cara dele. Puxei ele para um canto e apaguei o garoto. Chutei a pistola, entrei no supermercado, tirei a fantasia. Ninguém sabia como eu era, não deu merda. Acho que, tirando o moleque, ninguém soube que isso aconteceu. Fiquei na minha, fui embora. Era só o que me faltava.

Na verdade, ainda faltava mais um episódio bizarro para enterrar a sua promissora carreira de super-herói:

— Na sequência, era a última apresentação dentro do contrato com as Casas da Banha. Tinha um caminhão, meio trio elétrico, que andava pelas ruas, com a gente na caçamba, no maior sufoco. Subimos pela favela de Antares. O Homem-Aranha dava uma de aranha mesmo: descia e subia escalando a carroceria. Mas uma hora ele desceu, e não voltou... Cadê o Homem-Aranha? Sumiu! A gente ficou procurando e viu aquele pontinho azul e vermelho no meio da multidão. Todo mundo atrás do Homem-Aranha, tacando pedra e dando pauladas. Eu me decidi de vez: "Não quero essa porra para mim, não. Anteontem, um puxou uma arma na minha cara. Hoje, o Homem-Aranha está tomando paulada."

Saiu de cena com um grand finale, com uma performance "do bem" ainda na pele do personagem:

— A gente estava indo embora, dando adeusinhos de saco cheio. Passamos por um orfanato e eu vi nos olhos daquelas crianças que elas acreditavam que éramos heróis de verdade. Ninguém podia sair do carro. O Homem-Aranha, que era nosso líder, acabava sempre quebrando essa regra.

As crianças começaram a chorar e pulei na direção delas. Dane-se. Foi emocionante, também pularam Superman, Pluto, Mickey, Pateta, Jaspion, Changeman, Mulher-Maravilha, Batgirl, porquinho das Casas da Banha... Saltou todo mundo, e eu ainda pulei o muro do orfanato. No meio das crianças, também comecei a chorar para caramba. Voltei para o caminhão e falei com a galera que meu ciclo de Batman estava encerrado.

Como o empresário Juarez Santos gostava do seu ex-Batman, ainda fez algumas apresentações, mas de palhaço. Surpreendeu-se não só com essa generosidade, mas também ao descobrir que o cachê de palhaço era maior do que os dos superpoderosos campeões da Justiça e "bichinhos". Mas logo surgiu a chance de ganhar mais dinheiro com um dos trabalhos de que mais gostou na vida: motorista de táxi. E o convite veio de quem menos esperava, seu pai:

— Apesar dos desentendimentos, meu pai resolveu deixar o táxi dele comigo. Lembro da placa até hoje: TN 5149.

A maior demonstração de confiança para o filho foi o modelo de negócio. Em vez de cobrar por diária, propôs dividirem as férias.

— Ainda bem para ele que eu não segui os conselhos dele, senão eu dava uma volta nele. Como eu sou honesto, algumas vezes ele acabou ganhando muito mais do que se cobrasse a diária, que é dinheiro certo, o motorista faturando ou não.

As desavenças não tardaram a começar, porque seu pai não queria que rodasse mais do que doze horas por dia. A preocupação legítima de pai era que ficasse cansado e acontecesse um acidente. Ao pegar o Voyage às seis da manhã, sua vontade era ficar o dia inteiro no volante.

— Virei taxista por um ano e pouco. Circulava por Bonsucesso, Benfica, Tijuca, Centro e Zona Sul. Meu pai me obrigava a devolver o táxi todo dia. Eu não podia dormir com o carro. Tinha garagem onde eu morava, mas ele não autorizava. Eu deixava o carro lá, pegava um ônibus, ia para casa e voltava às seis da manhã para pegá-lo. Nunca dormi com o carro. Só uma vez, que ele viajou.

Gostei muito de ser taxista. Adorava. Superou entregar jornal. Estou falando de uma época em que táxi não tinha nem ar-condicionado. Tinha ventoinha, quebra--vento. Para minha autoestima, era um negócio absurdo. Era como se eu fosse jogador de futebol. Porque táxi era muito caro. Hoje você compra mais barato, mas era quase o preço de um apartamento. Era um patrimônio, por mais que não fosse meu. Passei até a ter namoradas por causa do táxi. Chegava a fazer um salário mínimo por dia. Lembro que fui ao Rio Sul para comprar roupa, na época eu tinha um bigode esquisito e não estava com trajes para ser bem atendido num shopping como aquele. Pedi uma camisa e a vendedora falou, com cara desconfiada: "Olha que essa é a mais cara." Eu respondi: "Não perguntei o preço." Foi bom para minha autoestima quando eu fui abrindo o bolso da camisa, pegando um pacote de dinheiro. O meu pai ficava louco, com medo que eu fosse roubado, assassinado, porque eu pegava qualquer corrida. Falava para eu não entrar em favelas. Eu não precisava mesmo me arriscar. Mas, no fundo, ele gostava porque estava ganhando muito dinheiro.

A suposta estabilidade emocional e financeira não foi suficiente para o fazer um sujeito mais moderado. Também como taxista acabou não segurando suas explosões. Arrumou logo uma das grandes:

— Eu estava na Rua do Senado com um passageiro. Tinha um policial fardado com carro particular parado no meio da rua. Era um fusca bege. Ele lá, travando o trânsito, batendo papo. Buzinei. Ele virou, olhou e continuou conversando. Buzinei de novo. Nada. Meti a cara pra fora da janela e gritei: "Estou com passageiro e quero passar." Ele: "Espera." Buzinei de novo. O meu passageiro ficou nervoso e perguntou se eu tinha como dar ré. Não tinha. Ele sentiu o clima e falou: "Pô, isso aqui vai dar merda." Quando eu ia perguntar "Por quê?", o policial saiu do carro, encostou do lado do meu táxi e me perguntou, com ar debochado: "Está nervoso?" Foi o que bastou para o passageiro meter o pé na porta e se mandar. O policial começou a falar um monte de merda para mim. Nessa época, eu já tinha parado de brigar, mas ainda era bom de briga. Ele ficou me enchendo o saco, até que falou: "Quer ver eu te dar um tiro?" Eu estava sentado dentro do carro quando ele botou a cara e puxei pelo pescoço para dentro e meti a porrada nele. Sorte dele que, atravessado na janela, o soco não entrava tão bem porque não tinha ângulo. Eu ainda lutava boxe, ele escapou de se ferrar bem mais.

Como seus rolos nunca são em curta-metragem, o barraco prosseguiu na delegacia:

— Passou um carro de polícia, fui detido. Pensei que eu iria me foder, já que o passageiro tinha fugido e fiquei sem testemunha. Fui para a 5ª DP, na Rua do Lavradio. Lá o policial foi contando que eu tinha batido nele. Já tinha agredido um policial três anos atrás. Estava contando a minha história, vendo o clima de coleguismo dos policiais civis, quando me aparece uma inspetora, toda alterada, e me ameaça: "Quer ver eu te meter a porrada aqui dentro?" Pensei: "Caralho, fodeu." Como eu sempre sou muito rápido, já estava planejando como reagir. Eu não ia apanhar. Passou pela minha cabeça: "Vou dar um chute no peito dela, dar uma cabeçada num policial, um soco em outro e puxar (fugir)." Não sei por que, ela afinou. "Estou vendo que você é trabalhador, taxista." Ninguém tinha dito, ela percebeu porque eu estava com uma camisa com o bolso cheio de dinheiro. Taxista, no passado, andava com troco no bolso, estufado, mesmo tendo bastante risco. Joguei conversa:

"Como você sabe que sou taxista? Não falei nada." Ela confirmou ter sacado pelo volume de dinheiro. Eu estava achando que ela era lésbica, mas começou a puxar papo comigo e até me deu certo mole. Até que disse: "Vou te liberar. Ele não abriu queixa, tudo certo." E emendou: "Você topa ir ao Circo Voador conversar comigo, hoje à noite?" Juro. Eu odiava o Circo Voador, porque naquela época eu achava que era coisa de roqueiro maconheiro. Era a visão preconceituosa de funkeiro que eu tinha. Falei que eu ia, marcamos hora, mas não apareci. Não tive mais contato. Era uma pessoa extremamente feia, parecia uma lésbica, com cabelo curto, mas rolou um clima. Me deu uma baita cantada. Não sei qual foi a dela comigo. Reconheço que fui preconceituoso.

Assim como começou, a carreira de motorista de táxi acabou pelas mesmas mãos. A preocupação com a maneira como se atirava no trabalho levou seu pai a pegar o carro de volta:

— Ele foi ficando cada vez mais com medo. Sabia que eu não estava na farra porque não sou cara de farra. Não vou a boate, não vou a nada. Ele ficava puto porque eu estava trabalhando feito doido. Ele até preferia que eu estivesse com mulher no hotel, porque estaria mais seguro. Nesse ponto ele não foi um filho da puta. Era uma época em que estavam morrendo vários taxistas. Por assaltos e assassinatos. Ele pensava: "Esse moleque é empolgado." Havia corridas em que tinha que atravessar a serra Grajaú-Jacarepaguá e estavam matando muito ali. Um dia cheguei bem tarde e ele nem conversou: pediu as chaves, cortou o carro e nunca mais me deixou dirigir

Ficou muito frustrado:

> — Eu era do grupo de taxistas que estava se preparando para a ECO-92. Até curso de inglês o sindicato ofereceu. Como não tinha tempo, pagava um intensivo de seis horas de curso às segundas. Meu pai me cortou em cima da ECO. Ia ter uma espécie de placa de ouro. Fiquei muito chateado. Mas, graças a Deus, ele cortou. Até hoje sonho que sou taxista. Quando minha primeira filha nasceu, cheguei a pensar em rodar nos fins de semana. Era algo nostálgico, mas acabei nunca voltando para a praça.

Ao mesmo tempo, a proibição decepcionante também foi recebida como uma rara e tardia demonstração de amor paterno. Por isso, ao mesmo tempo, o "chateado" e o "graças a Deus":

> — Por mais que eu tivesse problemas com meu pai por causa da minha mãe, pelas orientações erradas na vida, hoje sei que ele me amava muito. Acho que o grande amor da vida dele fui eu. Tenho certeza. Só tem uma pessoa que ele amou na vida. No velório dele, minha tia Belinha me puxou para um canto e disse: "Você foi o grande e único amor do seu pai." Tenho o mesmo nome dele: José Pereira de Oliveira, mas ele era o Dedé. Não era Zezé, era Dedé. Não sei o porquê.

Da saudosa vida de taxista, mantém o prazer de dirigir. E muitas vezes, quando alguém aparece para conversar, sugere que seja num passeio de automóvel. Obviamente estando ao volante.

Essa mudança de rumo impulsionou a carreira que acabou por consagrá-lo. Ainda como motorista, quando tinha folga nos sábados, promovia bailes. E decidiu que esse seria o seu futuro. Organizava uma festa chamada Dance Friend Fast. Nesta fase, descobriu a cultura hindu. Em 1992, resolveu fazer dois cursos de férias gratuitos na Faculdade Estácio de Sá — mitologia hindu e magia mística do karma —, o segundo junto com um dos seus grandes amigos, José Geraldo, conhecido como Cavalo:

— Esses dois cursos tiveram uma influência gigantesca na minha vida. Por mais que tenham sido de um só dia e com menos de três horas, tive vários insights. Um deles foi a relação com Shiva e a decisão de que o primeiro filho homem iria se chamar Arjuna. A terceira influência clara foi o nome da próxima festa.

Houve um grande arrastão na praia do Arpoador, o que indiretamente fez Vigário Geral e Parada de Lucas entrarem em sua vida, já que a maior parte dos envolvidos na confusão eram "funkeiros" daquelas comunidades:

— Eu já tinha vendido os ingressos e, na hora agá, tive que tocar reggae. Se tocasse funk, teria o equipamento (que era alugado) apreendido. Reggae, por emergência, no improviso. Foi assim que tudo começou. O nome que escolhi foi Loka Govinda (eu estava muito ligado ao hinduísmo, mas muito mais pelas minhas percepções e sensações).

As primeiras festas da fase profissional foram Dance Friend Fest 1 e Dance Friend Fest 2. O nome jogava para amizade, mas não havia discurso algum. Música e diversão. Sucesso total. Nas festas, a pessoa pagava o ingresso e tinha direito a comida e bebida. Damas não pagavam entrada. Era a boa e velha estratégia de encher de mulher para chamar os homens. Só que:

— Loka Govinda não deu certo. Encheu, mas não funcionou. Quem comprou ingresso queria ouvir funk, que continuava proibido, e teve que ouvir reggae. Nesse período conheci o Plácido Pascoal, que tinha me emprestado uns discos do Bob Marley e do Peter Tosh. No "reggae roots" eu me identifiquei mais com dancehall e com o ragga, que são mais rápidos e têm uma mistura forte com o rap e com certo batidão. Ouvir o Olodum mudou minha vida. A música "Faraó" me reconectou com energias profundas dentro de mim e com a força vinda dos nossos ancestrais. Eu e todo mundo achávamos que o Egito era branco e que Cleópatra deveria ser igual à maravilhosa atriz Elizabeth Taylor. "Faraó" me fez fazer uma imersão e serviu como a minha Matrix. Depois ouvi o LP vinil *Da Atlântida à Bahia...* e iniciei minha politização escutando essas músicas. Foi quando ouvi sobre um Lampião que não era bandido, mas revolucionário. Ele fala de Corisco, Maria Bonita, Antônio Conselheiro, e depois conheci outras músicas que citavam a revolta dos malês, João Cândido, "o almirante negro", entre outros. A música é um dos principais instrumentos para mudanças e transformações. Até hoje, vez ou outra me pego ouvindo essas canções. E curto Madagascar. Não seria o que sou e não teria realizado muitas das ações que faço se não tivesse ouvido Olodum. Tenho o João Jorge (presidente do Olodum) como um ídolo, um mestre, uma referência.

Mesmo com o fracasso do repertório do Loka Govinda, partiu para um evento 100% de reggae:

— No dia 17 de outubro de 1992, realizamos a Rasta Reggae Dancing. Nessa época, o funk já estava liberado, mas a conexão com o reggae e com o samba-reggae estava muito forte. Essa festa teve desfile, DJs especializados em reggae e suas vertentes. Até o famoso estilo "reggae maranhense", que dança coladinho, nós colocamos. Durante a produção da Rasta Reggae Dancing eu conheci Tekko Rastafari, Angela Fagundes e Augusto Lima. Com eles, depois da festa, encontrei outras pessoas, como o Marcelo Bob e o Paulo Everton, e discutíamos que era preciso um veículo promocional para badalar o gênero. O jornal é fruto da festa. Fizemos várias reuniões para criar a publicação. Surgiram vários nomes: Rasta News, Rastafari Notícias, AfroReggae Notícias, AfroReggae. O nome não vinha. AfroReggae não era nem o nome favorito. Mas decidimos, sei lá por que, botar *AfroReggae*, com a intenção de arrumar um nome melhor para a segunda edição. Sumir com *AfroReggae*. Ficou. Quem foi o principal pilhador e liderou esse processo foi o Augusto.

A sede era na sua casa, então na Rua do Riachuelo, no Centro. A proposta era divulgar a cultura negra e muito reggae. A ideia original era que fosse vendido, mas, por falta de comprador, passou a ser distribuído gratuitamente. A edição número zero tinha uma entrevista com The Wailers, que era a banda do Bob Marley. Era para ter um preço simbólico, bem baratinho. Mas nem assim funcionou. No número zero, o Augusto era o editor, e saiu com quatro páginas no formato tabloide.

> — Lembro até de algumas pessoas que foram à inauguração: Da Gama, que era guitarrista da banda Cidade Negra; Nelson Meirelles e uma galera bacana. Desde o nascimento, o *AfroReggae* já juntava pessoas de classes sociais e etnias diferentes.

A coisa cresceu e passaram a se reunir no Sindicato dos Trabalhadores da Saúde, do Trabalho e da Previdência Social (Sindsprev). O espaço era cedido gratuitamente:

> — Era um troço muito doido. Qualquer pessoa que passasse pela sala, olhasse e quisesse entrar, podia entrar, sentar e votar. Era uma maluquice. Às vezes, a sala tinha vinte pessoas, mas do grupo mesmo eram nove (entrou a Jupi e o Ronaldo Oliveira). Mas votavam e discutiam de igual para igual. Isso não dava muito certo. O fato é que no dia 21 de janeiro de 1993, no antigo prédio do Instituto de Estudos da Religião (Iser), que também já foi sede do Viva Rio, na Ladeira da Glória, 98, lançamos o jornal. Foi incrível.

O número um saiu com Bob Marley na capa e doze páginas. Era bancado pelas festas e pela habilidade de conseguirem colaboradores como Marcelo Yuka (que em seguida montou O Rappa), Monica Cavalcanti e Rafael Santos (historiador e seu primo):

— O jornal sobrevivia das festas que a gente fazia, das expertises que eu tinha para vender anúncios.

Nessa tiragem, o editor original, Augusto Lima, já tinha ido embora, ainda faltando material para fechar a edição:

— O resto eu tive que acabar. Meu texto era fraco e eu não tinha experiência nenhuma e não sabia a diferença entre ponto, vírgula e ponto e vírgula. Naturalmente, pedi ajuda. Naquela época não tinha computador. Primeiro, na máquina de escrever manual. Depois conseguimos uma elétrica, maior luxo. Era o editor e também entregador de jornal. Saía, às vezes, com um pacote de quinhentos jornais no ombro e entregava nos pontos de distribuição. Eu não tinha carro. Ia de ônibus, metrô ou trem. As pessoas não tinham muita expectativa quanto ao projeto. O único que era full time era eu. Também, era o único desempregado.

A distribuição era por ruas e lojas de discos; o grosso, por mala direta. Conseguiam os selos para postar com os então vereadores Edson Santos e Augusto Boal.

Sentiram a necessidade de ter um espaço para uso contínuo e conseguiram levar a redação para o Centro de Articulação de Populações Marginalizadas (Ceap), na Lapa, coordenado pelo militante Ivanir dos Santos. Por uma incrível coincidência, Ivanir foi o babalorixá convidado, de forma absolutamente aleatória, para jogar búzios na elaboração deste livro. Desconhecia-se a ligação entre eles no passado. Ele só soube, com surpresa, de quem se tratava às vésperas da sessão.

— É o que digo: quem poderia imaginar que ele seria escolhido, sem ninguém saber da nossa história? O Ivanir, além de generoso, é um dos caras mais inteligentes, comprometidos e aguerridos na sua causa. Poderia ter tido um papel até mais importante no AfroReggae, que, por sua vez, poderia ter feito uma história mais forte com o Ceap. Talvez ele não tenha enxergado direito e ficou com mais receio que a gente crescesse e concorresse com ele. Meu parceiro no Ceap era o Arcélio Faria, e quem nos dava muita moral era o Jorge Damião. Foi no Ceap que também conheci a Marcia Florêncio, que teve um papel muito importante durante um período no AfroReggae. Damos muita força para muita gente que está começando. Prefiro não citar porque, na minha opinião, cabem a eles reconhecer o que fizemos. Não tenho medo da concorrência, até porque não vejo uma que possa nos derrubar. Não se trata de arrogância, mas tem espaço para todos. Vou falar uma coisa, sem falsa modéstia: hoje eu olho no retrovisor e não vejo nem farol perto do AfroReggae. Vejo um monte de gente criando uma porrada de coisas, mas quero ver resultados. "Mudou a vida de quantos? Impactou na cidade como? Influenciou o quê nas políticas públicas?" Porque somos referência. As pessoas de Londres acham que o AfroReggae é uma ONG da Inglaterra. Fomos eleitos pelo Programa das Nações Unidas para o Desenvolvimento (Pnud) como a quarta melhor experiência do mundo em Cabo Verde. Tem gente que nem imagina que o AfroReggae está em Cabo Verde.

Hoje, além do trabalho religioso, Ivanir também acumula a coordenação da ativa Comissão de Combate à Intolerância Religiosa, surgida em resposta à pregação por evangélicos radicais e ataques contra terreiros de candomblé e umbanda a partir da segunda metade da década de 1990.

O jornal foi crescendo e atingiu as favelas. Chegou a ter vinte e quatro páginas. Além de cultura, seu conteúdo avançava para o campo social. Crescer é complicado.

— Nunca fui de movimento nenhum. Podia até estar junto, mas eu era AfroReggae. Até hoje sou assim. Essa coisa de rede é legal, mas é muito complicada. Havia brigas internas dos caras e, paralelamente, nosso jornal não saía. Na quarta edição travou e demorou seis meses para sair a quinta. As coisas não fluíam muito e as pessoas perguntaram se o jornal tinha acabado. Então, a coisa com o jornal ficou meio enrolada.

Essa imersão para construir um jornal voltado para a discussão cultural do movimento negro e da desigualdade social foi a semente para a criação do AfroReggae como a entidade que conhecemos hoje, com mais de 22 anos.

O local para o primeiro projeto não poderia ser mais simbólico: Vigário Geral.

Nos anos 1990 a localidade era como o berço da criminalidade no Estado do Rio. Os principais ícones do crime organizado vieram ou passaram por lá. E de lá surgia todo controle. Ser bandido de Vigário dava status. Elias Maluco iniciou lá. O próprio Marcinho VP, que se estabeleceu no Complexo do Alemão, começou a aparecer quando atuava na região. O ambiente funcionava para a formação e qualificação de bandido.

VP — Márcio dos Santos Nepomuceno —, acusado de ser o traficante "dono", entre outros pontos, do Morro do Alemão, da Vila Cruzeiro, na Penha, e do Morro do Caramujo, em Niterói, é apontado como um dos criminosos mais perigosos do Brasil. Por esse motivo, assim como Elias, cumpre pena em presídio federal. Era conhecido como PV, mas a imprensa o transformou em VP, confundindo-o com o Marcinho do Dona Marta: Márcio Amaro de Oliveira. Neste caso, o VP significaria "veado" e "puto". Como veremos adiante, virou o Marcinho do Complexo do Alemão; segundo as investigações da polícia, um dos inimigos mais ameaçadores de Junior.

O quartel-general do Comando Vermelho estabeleceu-se em Vigário Geral. A região era considerada uma das bases da indústria do sequestro que infernizou a elite carioca na década de 1990:

> — Lembro de um dia estar em Vigário, vendo Palmeiras x Vasco, quando o narrador, não lembro o nome, falou: "Nesse momento, a polícia está entrando em Vigário Geral para estourar o cativeiro do filho do presidente da Firjan, Eduardo Eugenio." Eu estava lá e não ouvi nada. Depois de cinco segundos eu escutei um helicóptero passando. Nunca tinha visto tantos policiais. Devia ter uns trezentos. Lá era grife do mal.

Até métodos de tortura e execução, com uma criatividade macabra, foram inventados em Vigário:

Micro-ondas: o corpo, muitas vezes com a pessoa viva, é colocado dentro de pneus, que são incendiados. Além do suplício, dificulta o reconhecimento dos restos mortais. Foi assim com Tim Lopes.

Freezer: a vítima é colocada dentro de uma barrica de plástico cheia de gelo.

Tapete mágico: colocam cacos de vidro e pregos em tábuas no chão. Para sair com vida, tem que atravessar correndo sem vacilar.

Múmia/Faraó: a pessoa é despida e enrolada em fita crepe até ficar asfixiada.

Retorno de Jedi: o capturado apanha com um pedaço de pau em chamas.

Tocha humana: toma um banho de gasolina, é incendiado e ainda tem que sair correndo.

Outra modalidade sem nome é colocar uma granada na boca do sentenciado e puxar o pino à distância. O objetivo é "explodir" o condenado.

Vigário também foi o berço da narcocultura do Rio.

Muitos modismos que até hoje influenciam a cidade foram criados nesse ambiente:

> — O Flávio Negão patrulhava a favela com um cavalo de raça. Ele tinha um haras. Trotava com chapéu de caubói, fuzil com lança-granadas atravessado no peito. Um dia, dando aula de percussão na rua, vejo uma nuvem de poeira, a rua não era asfaltada, e aparece o Flávio Negão, cavalgando alucinadamente e berrando "Sai da frente!" A poeira não era do cavalo. Era de um helicóptero da polícia, baixinho, atrás dele. Ele pulou do cavalo, subiu numa laje, pegou uma metralhadora antiaérea .30 e quase derrubou a aeronave. Cena de filme. 1993. Aquele lugar lembrava muito uma cidade de faroeste. Ali era foda.

Além do episódio que se tornou folclórico, Flávio Negão foi um dos protagonistas indiretos de um dos capítulos mais sombrios do Rio: a chacina de Vigário Geral.

Nesse massacre, um grupo de extermínio com uns cinquenta homens encapuzados invadiu a favela, arrombou casas e executou 21 moradores. Na sua versão:

— Quem era Flávio Negão? Era baixinho e não tinha nada de negão. Sou mais escuro que ele. Só era o mais moreninho de uma família com pessoas de pele muito clara. Ele trabalhava na Ceasa, empurrando carrinhos de feira. Um dia, voltando do trabalho, a polícia quebrou o carrinho dele. Aí ele resolveu assaltar. Olha como surge um dos caras mais picas dos anos 1990. Ficou sem trabalho e foi roubar. Foi preso como assaltante de ônibus. Quando saiu, passou a atacar carro-forte e virou chefe do tráfico. Não tinha um rim por causa de um tiro. Fisicamente muito frágil, só que virou o cara mais foda. Matou polícia, isso e aquilo, e se transformou no inimigo público número um do estado do Rio. Haviam sido assassinados quatro policiais uns dias antes e houve essa retaliação. Tinha uma casa que foi de um traficante, só que lá estavam morando oito evangélicos. Foram executados, só isso explica.

A casa em que morreram os oito evangélicos, parentes de Vera Lúcia dos Santos, era de Chico Rambo, que tinha sido dono do tráfico em Vigário Geral. A casa ficou marcada como sendo do traficante:

— Mesmo que não fossem inocentes, nada justifica o que aconteceu.

Para entender a situação que o AfroReggae encontrou quando chegou à região é preciso resgatar outra página funesta da história das comunidades pobres cariocas: a guerra entre Vigário Geral e Parada de Lucas. A aterrorizante rixa antecede às rivalidades que viriam em seguida com a ocupação dos dois polos por diferentes facções criminosas. O que se conta é que começou numa prosaica partida de futebol, por volta de 1983. Um selecionado de Vigário contra outro de Lucas. Um clássico das favelas. Os dois times na final do torneio. O jogo foi duro e terminou empatado. Veio então a disputa de pênaltis. Na última cobrança do time de Parada de Lucas, o goleiro de Vigário, chamado Geleia, defendeu. Quando os moradores o cercaram para abraçar, comemorar, ele estava morto. Fora atingido, em pleno salto, por um traficante de Lucas. Geleia morto, abraçado com a bola. Começava a sangrenta guerra.

Fantasia ou não, nessas batalhas por posse de território pelo crime organizado, as comunidades são a versão real dos shakespearianos Montecchios e Capuletos, com o agravante de que, aqui, além das batalhas serem assustadoramente verdadeiras, famílias ficaram divididas pela geografia. Um encontro entre parentes que moram em localidades distintas podia significar sentença de morte. Com maior ou menor intensidade, agora pela disputa do tráfico, invasões e confrontos aconteciam até uns sete anos atrás, quando a facção de Parada de Lucas (Terceiro Comando) tomou Vigário, em 2005, unificando a operação, e o CV tentou retomar o território:

> — A chacina de Vigário Geral foi algo tão horroroso que o próprio dono do narcotráfico de Parada de Lucas, o famoso Robertinho de Lucas, do Terceiro Comando, mandou procurar o Flávio Negão, do Comando Vermelho, seu inimigo histórico. A guerra era entre essas facções. Pela primeira vez as duas favelas chegaram a uma trégua. Os próprios traficantes rivais ficaram assustados e acharam melhor suspender a guerra. Reza a

lenda que o Flávio Negão estava em cima de uma laje com a metralhadora quando os encapuzados chegaram. Poderia ter matado vários, mas achou melhor não matar. Não sei se é verdade.

É nessa conjuntura que Junior entra em Vigário Geral, um ano depois de Vigário Geral ter entrado na sua vida: afinal, de lá partiram os integrantes daquele arrastão que levou à proibição de bailes de funk, perturbando seu antigo negócio e o empurrando para o reggae:

— A situação de medo era generalizada. Nosso projeto consistia no que fazemos até hoje: aulas de música e dança. Ali era tão sem nada que as pessoas topariam até oficinas para aprender a fazer bolinhas de papel. A periferia naquele tempo era bem mais isolada. O primeiro passeio que organizei para as crianças de Vigário Geral foi uma ida à praia. Eram quarenta e poucas crianças, e 90% delas nunca tinham ido. Quase 40% nunca tinham saído da favela.

Dentro do seu estilo socialmente bipolar do início da vida, para ensinar o certo e o errado para as crianças do morro, seu meio de transporte vinha na base da truculência.

— Eu não tinha o dinheiro da passagem para ir a Vigário. Então, eu fazia cara de mau, chegava para o trocador e falava grosso: "Vou soltar aí, valeu?" O cara ia falar o quê? Ele só queria que eu não roubasse. Diziam que naquela época, quando você roubava um ônibus, quem pagava era o trocador. Não é que nem agora. Esse lance do ônibus era muito louco: para levar cidadania para a molecada tinha que botar terror no trocador.

Com pouco tempo de existência, o AfroReggae ganhou projeção, graças ao jornalista e hoje imortal da Academia Brasileira de Letras Zuenir Ventura:

> — Em outubro, resolvemos fazer um grande evento, que foi um marco: o Vigário in Concert. Era moda usar nome em inglês em grupos culturais superdesconhecidos. De repente, vejo um senhor careca e grisalho andando pelas ruas. Era o Zuenir, que teve um papel importante tanto para o Rio quanto para o AfroReggae e Vigário Geral. Ele era editor especial do *Jornal do Brasil.*

Das andanças de Zuenir por lá surge o *Cidade partida* — livro vencedor do Prêmio Jabuti de reportagem. O que deu foco a uma espécie de guerra civil neste canto do Rio:

> — Zuenir entrevistou o Flávio Negão antes da morte dele. Parece que o Negão sabia que iria morrer. O pastor Caio Fábio, um cara muito influente e que estava fazendo uma oração, abriu a Bíblia e começou a falar de um salmo. O Negão levantou a mão e pediu para terminá-lo. Sem ler, ele sabia todos os salmos de cabeça. O cara foi criado como testemunha de Jeová. A família dele toda era. A história é que a polícia chegou e não sabia como era a cara dele, mas sabia que estava com a camisa do Flamengo. Parece que morreu mais gente com a camisa do Flamengo. Até que deram de cara com ele num beco. Ele sempre falou que não iria para a cadeia. Teve troca de tiros, ele foi para o hospital. Depois é que confirmaram que era o Flávio. Mas nunca souberam direito como era o rosto dele, porque levou tiro na cara.

Zuenir também mostra a mobilização da sociedade civil contra a criminalidade, com manifestações pela paz, na maioria das vezes embaladas por eventos culturais. Nesse clima, surge o movimento Viva Rio, fomentado pelos donos dos três jornais concorrentes no estado — *O Globo*, *Jornal do Brasil* e *O Dia* —, numa simbólica união contra a violência, capitaneada pelo Herbert de Souza, o Betinho.

A estratégia de Junior passa a ser tirar as favelas das páginas policiais dos jornais e levá-las para os cadernos de cultura:

— No dia em que fomos com o Caetano Veloso, a Regina Casé e o Waly Salomão, a história do AfroReggae mudou. Descobriu-se que Vigário tinha cultura, não só violência. E passamos a ter uma puta visibilidade.

De todos os muitos artistas e intelectuais que passaram e passam pela vida de Junior, o que parece ser o mais marcante é Waly Salomão. Esse filho de sírio com uma sertaneja, formado em direito (mas que nunca advogou), poeta, letrista e influente produtor cultural, dá nome ao grande centro cultural do grupo em Vigário. Como secretário Nacional do Livro, tentou incluir o livro na cesta básica dos brasileiros.

— Conheci o Waly Salomão da seguinte maneira: o Zé Renato, que era o redator do *Jornal do AfroReggae*, na época, mandou sintonizar numa entrevista do Jô Soares, ainda no SBT. Era com João Bosco, Antonio Cicero e o Waly Salomão. Eu só conhecia o João Bosco. Eles tinham a ideia de fazer um projeto de uma viagem, porque os três tinham origens árabes. O Waly roubou a cena e o Zé Renato achou genial.

Confesso que achei a entrevista superchata. O Zé ficou interessado porque o Waly ia assumir a Livraria Francisco Alves, que era uma puta referência, e poderia fazer uma parceria com o AfroReggae. Marcou um encontro com o Waly, e, quando entramos na sala, ele foi logo falando, com aquele jeitão apaixonado: "Tá aí, gostei. AfroReggae. Que nome incrível!" Ele se apaixonou por mim à primeira vista e começou a me falar umas coisas. Passei a ter um contato com ele praticamente diário, por telefone ou pessoalmente. O Waly me falou coisas, em 1994, que estou fazendo hoje, 21 anos depois. Ele me apresentou para o Hermano Vianna (antropólogo, pesquisador no campo da cultura popular e roteirista): "Ele chegava para as pessoas e perguntava: 'Você conhece o Junior do AfroReggae?'" A pessoa: "Não." Ninguém me conhecia. Então, o Waly falou: "Como não? Em que mundo você vive?" Aí, falava coisas de mim que eu nem fazia. Falava que eu era o maior empreendedor social do Brasil, que o AfroReggae iria virar uma holding sociocultural, que teria programas de televisão e iria resgatar vidas. Estamos falando de 1994, na época em que eu só tinha um jornal e estava começando a recuperar uma vida aqui, outra ali. Ele enxergou muito além. Para piorar a situação, o Waly morreu no mesmo dia que o meu pai nasceu: 5 de maio. Me dava altas dicas e me abria muitas portas. Falei para ele que estava muito incomodado com o fato de Vigário estar nas páginas policiais. Me pediu que pensasse em alguma coisa e se ofereceu para me ajudar. Sou uma extensão do Waly Salomão e do Lorenzo Zanetti (também já falecido, ex-padre e educador de uma das ONGs mais antigas do Brasil: a Federação de Órgãos para Assistência Social e Educacional [Fase] e do Serviço de Análise e Assessoria a Projetos [Saap], que aposta, com gestão de fundos, na auto-organização de novas entidades sociais coletivas e na articulação de movimentos sociais.) Não existiria o Junior do AfroReggae ou o AfroReggae se não fossem esses dois caras. Eles foram meus grandes mestres e me ensinaram muita coisa.

Sua primeira tentativa para conseguir recursos com Lorenzo foi traumática, mas uma boa lição para toda a vida:

— Pedi que um sociólogo do Ceap fizesse o projeto e fui encontrar o Lorenzo para conversar com ele. Ele era italiano, me olhava meio desconfiado. Pegou o projeto e perguntou se eu era acadêmico. Notou que o texto profissional era de um acadêmico. Tive que admitir que não tinha escrito. Ele pediu que eu escrevesse com minhas palavras. Quando fiz, ele falou que estava começando a ficar interessante. Essa coisa ia e voltava, mas ele não me dava confiança. Até que fiquei puto e reclamei que ele não gostava de nada. Isso me lembra o filme *Karate Kid*, quando o garoto dá o surto com o mestre porque não o deixava treinar como desejava. Acho que ele queria que eu tivesse atitude. Pedi três mil, mas ele liberou dois. Com três mil reais, dava para fazer três edições do *Jornal do AfroReggae*. A média era mil reais. Dois mil daria para duas. Conseguimos fazer cinco. Ele ficou impressionado e aprovou mais três mil depois. Foi aprovando e indicando outros fundos. O acordo era eu alugar uma sede para o AfroReggae. Ele me capacitou. Waly foi meu mestre na área cultural e Lorenzo, meu mestre na área social.

Só que, para cada evento artístico, além de administrar finanças, era necessário negociar para que não fosse interrompido à base de tiros. Como aconteceu em 2004, num evento batizado de Parada Geral, que tentava selar um tempo de paz entre Vigário Geral e Parada de Lucas. Entre as apresentações, houve a leitura de *Antônio e Cleópatra*, de Shakespeare, com direção de Paul Heritage e a participação da Maria Padilha e grande elenco:

— A gente conseguiu fazer uma trégua histórica. Levamos grandes artistas para a fronteira mais perigosa do Rio de Janeiro, dentro de um Ciep numa área de conflito entre Lucas e Vigário. Curiosamente, o que divide as duas comunidades é uma escola da rede pública, com duas entradas, uma para cada favela. Nem a escola era respeitada: as paredes todas furadas de tiros de diversos calibres. Dava para fazer um estudo de balística. Podia ser um museu da guerra ao ar livre. O desafio foi pacificar por meio da cultura e da arte. Já tínhamos a experiência musical do Conexões Urbanas (não o programa de TV, mas um circuito de shows nas favelas do Rio que tinham conflitos). Fazíamos em parceria com a assessoria especial de eventos da prefeitura do Rio, mas nunca tínhamos feito algo ligado ao teatro. Foi uma experiência muito positiva, porque o público ia chegando, e havia pessoas conhecidas que não se viam há muitos anos, mesmo fora das favelas, devido à rixa. Houve um momento em que os traficantes soltaram muitos fogos, para comemorar. Mas as pessoas pensaram que era tiroteio, os atores ficaram apavorados e Maria Padilha chegou a parar a peça. A gente teve que explicar que não era um ataque. Foi bonito ver o Ciep Mestre Cartola lotado para ver uma peça de teatro. O pessoal se empolgava a cada cena. A maioria nem sabia quem era Shakespeare.

Hoje, admite que, no dia anterior ao espetáculo, o evento quase desandou:

— A peça já estava para começar e rolou um papo de que Vigário ia invadir Lucas ou vice-versa. Eu estava conversando com o dono da boca de Parada, que já faleceu, por isso vou falar o nome: Furica. Estávamos falando da importância de acabar com esse conflito histórico e que isso seria importante para as duas comunidades. Durante a nossa conversa, meu telefone tocou. Era um integrante do AfroReggae ao lado do chefe do tráfico de Vigário, o RS (desse não posso citar o nome porque está vivo e atuante). Ele pegou o telefone, e extremamente irritado disse que iria invadir Parada. Falei que estava em Parada. O Furica percebeu que eu falava com alguém do outro lado. Falei para o RS que estava ao lado do Furica e que achava interessante eles se falarem diretamente. Para minha surpresa, pareciam dois maestros conversando. RS foi bem sereno e o Furica também foi muito educado. Tiveram a brilhante ideia de irmos para a fronteira e falarmos frente a frente. Foi foda! Chegamos lá e havia um grupo armado em cada ponta. Um estresse fodido. O lado de Parada estava muito mais bélico. Parada me lembra muito Israel, cercado de países inimigos. É uma ilha do Terceiro Comando cercada de um arquipélago do Comando Vermelho. Além de Vigário Geral, tem as favelas Cidade Alta, Furquim Mendes e Dique. Os olhares eram tão perfurantes quanto as balas de fuzil. Resolvi atravessar para o lado de Vigário. Na hora, a minha mente disparou a música no meu iPod mental: "Sunday Bloody Sunday". A impressão que eu tive era a de que o pessoal de Vigário não estava me reconhecendo, já que uns chegaram a apontar as armas na minha direção. Eu comecei a orar, a olhar firme na direção deles e continuei caminhando. Pensei até em pegar o telefone e dizer que era eu, mas naquele momento qualquer gesto mal interpretado poderia provocar o pior. Um trajeto curto parecia quilômetros. Pensei: "Porra, por que o Evandro ou a Cirléa não ligam para nosso pessoal que está do outro lado falando que sou eu?" Chegando ao outro lado, o RS virou para mim e perguntou: "Eles querem paz mesmo? Então me leva lá." Pensei: "Caralho, fodeu de vez." Ele botou a vida dele na minha mão. Fui com ele até o meio, me colocando como escudo. O Furica mandou até o limite da fronteira um dos seus gerentes, o Fofo, que foi junto com o Fofinho (do AfroReggae). Eu e o Fofinho nos comunicávamos com os olhos. Ele também se colocou como escudo. Se viesse tiro, iríamos morrer primeiro. Foi emocionante vê-los apertar as mãos. Selaram uma trégua de 24 horas.

Houve a peça de teatro. Os moradores quase se pegaram na saída, mas a paz perdurou por dezoito dias. O armistício acabou com uma inédita invasão de Parada a Vigário. O ataque foi bem truculento — não no aspecto bélico de troca de tiros, porque Vigário não esboçou reação, mas alguns moradores de Parada, empolgados com a vitória, entraram nas casas dos moradores vizinhos saqueando e quebrando tudo:

— Éramos bastante acionados e foram momentos de muita tensão. O Anderson teve um papel de destaque, já que o Furica amava a mãe dele. Ver os saques e a humilhação de gente inocente nos fez tomar as dores dos moradores de Vigário, gerando um grande risco. O Anderson, ao encontrar com o Furica, bateu boca e parecia que iriam se pegar. O Anderson falou grosso com ele na frente dos soldados. Se fosse outra pessoa, estaria com o corpo estendido ali na hora. O Furica chegou a falar que, dali em diante, a favela era do Anderson. O Anderson disse que não era bandido, mas, se ele quisesse passar o comando, ele iria proibir tráfico e gente armada. O Furica disse que, se ele não fizesse isso, o pessoal do Comando Vermelho iria regressar. Nessa confusão, um dos maiores erros do Furica foi ir à casa do Anderson e falar que havia tomado a favela para poder voltar a comer a comida da mãe dele. Essa brincadeira custou caro depois.

O Furica mandou me ligar e pediu que eu controlasse o Anderson, porque ele quase foi agredido e, que por mais que ele o amasse, não poderia ser desmoralizado. Liguei para o Anderson e pedi que ele ficasse na minha casa ou em algum hotel, que nós pagaríamos. O Anderson é coração e emoção pura.

A Anistia Internacional divulgou um alerta de que a guerra entre traficantes das duas comunidades poderia levar a um "banho de sangue", advertindo que "muita gente inocente poderia morrer" e cobrando medidas urgentes das autoridades. No dia 8 de outubro de 2004, depois de um confronto, com alguns mortos, a PM, com cento e vinte soldados e apoio de helicópteros, rompeu as barricadas e, sem confronto, ocupou as favelas da região.

O AfroReggae continuava o seu trabalho inicial em Vigário, com a adesão de artistas, jornalistas e intelectuais. Já em 1996, surgiram convites no exterior. Logo na primeira viagem internacional, houve aproximação com políticos, parcerias com entidades estrangeiras e expansão do AfroReggae para outras comunidades.

— O primeiro país que visitei na vida foi o Canadá. Fui a Montreal e a Quebec. Na época, o Betinho e o Pedro Dalcero (diplomata que viria a participar dos governos do PT), que eram do Ibase, receberam convite para mandar um jovem para palestrar em um evento. Lá não tinha um núcleo jovem. O AfroReggae era parceiro, e o escolhido fui eu. Só que fui falar ao lado do Lula. Nunca tinha discursado para aquele público na vida. Travei na hora. Não sabia nem como funcionava o sistema de tradução simultânea. O tradutor fazia sinais para mim e eu não entendia nada. Era para eu falar mais devagar. O Lula foi de uma generosidade absurda comigo: pegou na minha mão e ficou me acalmando. Ele e o Marco Aurélio Garcia (que seria Assessor Especial para Assuntos Internacionais do presidente Lula) foram muito bacanas e tiveram a paciência de me explicar.

Aproveitou a oportunidade para tentar conseguir apoio para o AfroReggae. Lula não arrumou recursos, mas deu uma boa dica:

— Eu estava aflito para comprar o primeiro imóvel para o núcleo de Vigário Geral. Estava de olho numa casinha. Lula falou: "Por que você não faz como fazemos no PT? Quando a gente quer comprar e não tem todo o dinheiro, aluga ou vende uns metros para os sócios." A gente não tinha sócio, mas fiquei com aquilo na cabeça. Quando voltei para o Brasil, medi o terreno e vendi alguns metros. Aliás, o primeiro a comprar foi o Cirque du Soleil, por intermédio do Paul Laporte. O pessoal dele estava na mesma viagem e fiz a proposta. Eles manifestaram interesse de implantar uma unidade social do circo lá. Sugeri que fosse no Morro do Cantagalo. Nessa favela, a gente estava fazendo teatro, dança e capoeira, mas não estava dando certo. Percebi a chance de inventar uma coisa nova em uma favela diferente. Eles insistiram com Vigário, teimei que só faria no Cantagalo. Acabaram topando. Dei sorte, foi o maior sucesso.

Inauguraram, assim, o circuito internacional, que depois se expandiu para Washington e Nova York, a convite da Ashoka — fundação americana que financia empreendedores sociais. Para gravar seu programa de televisão e documentários, já foi para Argentina, Paraguai, Colômbia e El Salvador. Em 1998, foi com o AfroReggae tocar na França (então a anfitriã da Copa do Mundo), na Alemanha, na Holanda e na Bélgica, numa turnê de setenta dias na Europa. No ano seguinte, nova excursão por esses países. Dentro do projeto de legado das Olimpíadas de Londres, mantiveram por seis anos, na Inglaterra, um projeto similar ao brasileiro:

— Tem gente que acha que o AfroReggae é uma ONG inglesa. Ficamos de 2006 a 2012 fazendo projetos sociais de redução de violência em diversas áreas, como Londres, Newcastle, Manchester. Acabou sendo um dos maiores legados do próprio AfroReggae. Formamos mais de trezentos multiplicadores, que trabalhavam numa escola onde se falava noventa e dois idiomas diferentes.

Já fez show na China e foi à Índia, a convite da Fundação Ford, para fazer um trabalho social com jovens aliciados pelo terrorismo:

— Juntamos jovens muçulmanos com hindus e cristãos. Foi emocionante ver esta convivência pacífica. A experiência foi incrível. Misturava a cultura brasileira com a indiana. Os jovens falavam idiomas diferentes. Quando o Johayne Hildefonso (diretor artístico) dizia, por exemplo, "Levante o braço", tinha um cara que traduzia para o inglês, outro para o híndi e outro para bengalês. Uma zona. Era difícil, porque havia uma dificuldade de comunicação muito grande. O Johayne, que já estava de saco cheio desse tempo perdido e de tripla tradução, ficou puto e deu um piti. Berrou que não queria mais tradução, que só falaríamos português. No grito, ele passou a "falar" com o corpo, fazendo gestos, e com os olhos. Inacreditavelmente, todo mundo passou a entender. Era um negócio quase espiritual. A ação na Índia ocorreu entre 2008 e 2009, idealizada pela Denise Dora, da Fundação Ford, e pela Roshmi. Elas sabiam da minha relação com Shiva e percebiam que tinha algo profundo. Num primeiro momento, sem muita explicação racional, todos sabiam que daria certo.

Não dava para desperdiçar a presença na Índia e deixar de descolar uma experiência mística:

— Conheci Nizamuddin, a favela mais antiga do mundo, com mais de 800 anos. Era um cemitério que virou favela muçulmana. Os túmulos continuam lá. Fez muito bem a mim, pela minha relação com as divindades hindus. Encontrei um guru indiano e ele, assim que me viu, falou que eu era a encarnação de Shiva e que estava na Índia para resgatar os sentimentos dos indianos. Eu não tinha falado absolutamente nada com ele. Tenho muitos desses encontros espirituais.

Nem todas as viagens internacionais, contudo, trazem boas recordações:

— Numa viagem à França, combinaram que a gente ia ficar hospedado na Eurodisney e que faríamos a abertura da Copa do Mundo. Éramos quarenta e três pessoas. Chegou na hora, parecia um campo de concentração, em Épinay-sur-Seine, uma comuna nos subúrbios ao norte de Paris. Os seguranças eram russos e controlavam tudo com truculência. O acampamento era todo cercado de grade e só podíamos sair com autorização. Levaram um avião lotado de jovens brasileiros de projetos sociais. Tratados de qualquer maneira. No primeiro dia, já fomos roubados dentro do acampamento. Tudo era tão desorganizado e caótico que temíamos que acontecesse uma tragédia. Nossa galera estava revoltada e resolveu recuperar o que nos roubaram. Um dos nossos integrantes era o professor de capoeira Apache, um cara de 1,80m para cima, com corpo de halterofilista, todo tatuado. Ele ficou revoltado. Tem horas que, quando o caos se estabelece, você tem que deixar fluir para escoar, em vez de tentar conter. Permiti que fossem atrás dos ladrões: só falei para não agredirem ninguém. Foi o que fizeram. Por mais que pensem que jovens da favela são isso ou aquilo, os caras têm certa disciplina, e respeitavam hierarquicamente seus coordenadores e professores. Eles invadiram os quartos, que, na verdade, eram tendas. Tudo foi recuperado. Uma confusão do caralho. O nome do projeto era Amigos e a gente brincava que era Inimigos. Refrigerante quente, comida gelada em saco plástico. A gente resolveu se virar. Os moleques do AfroReggae viajaram com camisas falsas da Seleção, da Rua da Alfândega. Falsifiquei assinaturas do Romário, do Ronaldo, do Cafu. Fizemos a festa. Os caras da periferia acreditavam que eram originais e trocavam por um casaco da Nike autêntico. Até pessoas dos outros grupos vinham me pedir para assinar. Virei o cara que assinava. Um dia consegui, cheguei ao hotel da organização, que ficava em outra região. Puta que pariu! Era equivalente ao Copacabana Palace. Maneiríssimo, tinha cassino e tudo. Voltei e contei para o restante do grupo. Quase houve uma rebelião.

É comum haver picaretas em entidades internacionais que fingem promover ação social para lucrarem com isso:

— Acontece muito de gringos e fundações estrangeiras dizerem que querem ajudar jovens do Brasil, da África, e pegarem milhões para embolsar. Fazem o que querem e foda-se. Fazem umas fotos e uns vídeos fajutos e está tudo certo. Foi isso que aconteceu. Bom, no meio do rolo, começaram a desmontar o acampamento e fomos expulsos. Uma parte do nosso grupo voltou ao Brasil e a outra, ficou para fazer uma turnê. Sorte que a gente já tinha arrumado um esquema para nos levar à Alemanha. Por sorte encontramos um motorista romeno que entendia um pouco de português. Fomos para uma cidade universitária na Alemanha. Os ônibus já eram aquela coisa meio sarcófaga. A gente adorou aquilo, porque na França estávamos dormindo mal.

A passagem pela Alemanha foi tranquila, com shows em doze cidades. Mas, quando chegaram à Holanda, o tempo fechou novamente:

— Foi outra merda. Botaram a gente em uma casa junto com pessoas que usavam drogas. Tinha seringa, plantação de maconha em vaso. Reclamei para caralho. Boa parte dos nossos integrantes era menor de idade. Seria o que a gente chama de cabeça de porco aqui no Brasil. As pessoas pensam que, porque a galera é da favela e pobre, pode colocar em qualquer lugar. Depois da Holanda, fomos para a Inglaterra, a convite de um ministro que nos visitou em Vigário Geral, Tony Lloyd. O primeiro Centro Cultural do AfroReggae foi construído com recursos das embaixadas da Inglaterra e do Canadá.

Na volta ao Brasil, um problema inusitado:

— Foi um rolo daqueles quando voltamos com roupas importadas e o tráfico soube. Mesmo o traficante com dinheiro não tinha aqueles produtos; o mundo não era tão globalizado. Começou a ter aquela coisa de falar que os garotos eram metidos e arrogantes. Quando fui a primeira vez aos Estados Unidos, comprei produtos na Nike. Comecei a tirar garotos do tráfico com esses bagulhos. Passava pela boca de fumo e era uma coreografia de cotovelos e pescoços: "Caralho, olha os óculos e tênis dele." Aí, o cara chegava para mim e perguntava onde eu tinha comprado os óculos. Eu respondia Nova York, Amsterdã. Tinha o marketing, né? Usávamos alguns símbolos que motivavam o cara a entrar para o crime para também retirá-lo. Tiramos muita gente do crime com essa estratégia do consumo. O bem e o mal, o amor e o ódio, o lícito e o ilícito andam de mãos dadas. Uma vírgula pode fazer você virar um homem de bem ou do mal. Uma vida muda num detalhe, num jeito, numa entonação. É que nem você mandar alguém tomar no cu: pode ser um elogio, uma demonstração de admiração ou uma puta agressão, dependendo do modo como você fala.

O AfroReggae expande suas fronteiras no Brasil também e desembarca em Minas Gerais. Em 2004, aproxima-se do então governador Aécio Neves, iniciando uma amizade e uma parceria que iria desaguar nas últimas eleições presidenciais.

— O AfroReggae lançou o *Da favela para o mundo*, livro que escrevi com Itala Maduell e Lula Branco Martins. No lançamento, durante uma coletiva em Minas Gerais, me perguntaram se eu tinha algum projeto novo. Falei que tinha um para a polícia, que estava parado. Expliquei que era o Juventude e Polícia, que servia para juntar jovens que sofreram com a violência, com a polícia. Falei que a gente ia preparar os policiais para dar aulas de grafite, percussão, teatro, dança, videomaker e uma porrada de coisas. Esse projeto não aconteceu no Rio porque, na época, o Garotinho... Tem até uma história engraçada: o AfroReggae foi fazer um show na Piazza del Popolo, convidado pelo Walter Veltroni, que foi um grande prefeito de Roma. Ele veio ao Brasil, conheceu o AfroReggae, se apaixonou e nos convidou para abrir o show do Caetano Veloso lá. Foram cem mil pessoas. Incrível. Quando a gente estava descendo do palco, vejo alguém batendo no peito e falando: "AfroReggae, Rio de Janeiro, parabéns." Quem era? O Garotinho. Ele estava lá com a Rosinha e os secretários Tito Ryff e Jorge da Silva, que era o secretário de Direitos Humanos dela. Falei do projeto Juventude e Polícia e ele disse que iria fazer, que tinha todo o interesse. Ao regressarmos, fomos encontrar o coronel Jorge da Silva na Fundação Ford, com a Elizabeth Leeds, que estava financiando o projeto, e com a professora Silvia Ramos, do Centro de Estudos de Segurança e Cidadania da Faculdade Cândido Mendes, que também era uma das idealizadoras junto comigo. Ele ouviu, fez algumas perguntas e ficou de avaliar. Depois me chamou e disse que o Garotinho tinha gostado muito, mas que não poderíamos fazer com o Cesec por causa do Luiz Eduardo Soares e da Julita Lemgruber. Ambos romperam com o governo, e isso era um impeditivo. Eu disse que sem o Cesec eu não faria, porque eles tinham um papel fundamental nas medições, nas concepções e na metodologia. Agradeci e continuei tendo uma relação muito boa com o coronel Da Silva. Então, nessa coletiva em Belo Horizonte, o secretário adjunto de Defesa Social, Luiz Flávio Sapori, comprou a ideia. Ele fez desse projeto uma política pública de referência em Minas Gerais. Começamos o projeto, e foi um megassucesso. Cruzei com o Aécio em um evento no Palácio das Artes sobre o projeto Fica Vivo. Ele foi muito simpático, e vez ou outra a gente se encontrava em algum evento em que estávamos envolvidos. O Aécio e o Sapori foram os responsáveis por tirar o estigma que o AfroReggae tinha de ser um grupo ligado a bandidos. Devo muito a eles. Passei a ter uma grande admiração pelo Aécio, pelos feitos realizados no governo de Minas, pelo jeito dele, essa coisa de mineiro-carioca. A gente foi ficando próximo, até que, em 2010, quando já tínhamos bastante intimidade, ele me avisou que havia a possibilidade de ser candidato à presidência da República, mas não me pediu nada. Estávamos sempre nos falando por SMS ou ligações telefônicas, mas perdemos o contato. A Manuela D'Ávila (deputada estadual do Rio Grande do Sul pelo PCdoB, então federal) nos reconectou. Tenho uma relação muito forte com a Manuela. Acho que nossa relação é cármica. Nós nos falamos pela primeira vez no Twitter, durante os momentos mais tensos da ocupação do Complexo do Alemão. Depois gravei um *Conexões Urbanas* com ela em Brasília, quando ela era presidente da Comissão de Direitos Humanos, e a convidei para conhecer o Complexo Penitenciário de Gericinó, popularmente conhecido como Bangu. A química que tive com ela foi incrível. Durante um jantar, ela contou ao Aécio que eu sempre falava dele. Pegou o telefone dela e ligou para mim. Quando o AfroReggae sofreu os ataques, em 2013, ele e o Suplicy (Eduardo, ex-senador do PT) foram juntos à tribuna repudiar. O AfroReggae tem isso de conseguir juntar partidos diferentes. No ano passado ele falou: "Irmão", ele só me chama de irmão, "sou o candidato de 2014. Sinta-se superconfortável a me ajudar ou não. Nossa amizade não vai mudar nada." Em fevereiro daquele ano, eu, já ferrado da necrose na cabeça do fêmur e cheio de projetos incríveis pra desenvolver, o encontrei, e ele disse que queria muito que estivéssemos juntos, mas ele sempre frisando que entendia se eu não pudesse. Isso foi em fevereiro. Ele me convidou para fazer parte da coordenação do programa de governo. Tive uma insônia fodida. Foi a segunda insônia que ele me provocou. A primeira foi em 2013, quando boa parte dos partidos políticos queria que eu me candidatasse a deputado federal e tinha uma data-limite. Meu interesse era zero, mas o Aécio me deu uma pilhada fortíssima. Como já disse, não tenho interesse por política, por mais que há anos sofra essa pressão e assédio. Mas um pedido do Aécio tem muito peso para mim. Conversei com minha esposa, com o Magalhães (José, inspetor, grande amigo). Ele me emprestou um estojo com uns DVDs para assistir. Disse que tinha tudo a ver com aquele meu momento. Era a série *House of Cards*. Minha resposta para filiação a todos os partidos que me procuraram foi negativa.

Virou coordenador do Programa de Governo para a Juventude. E não considera seu engajamento partidário:

— Meu apoio é ao Aécio. Não tenho ligação com nenhum partido. Tanto assim que faço questão de abrir o voto. Nas eleições de 2014, votei para deputado estadual no Marcelo Freixo, do PSOL; no Jean Wyllys para deputado federal, do PSOL; para senador, no Romário, do PSB; e no Luís Fernando Pezão, do PMDB, para governador. Ao votar no Aécio para presidente, dei meu primeiro voto ao PSDB. Se fosse me filiar a um partido, não faço ideia de qual seria. Não me identifico atualmente com nenhum deles. Voto em pessoas. Tenho visto certo movimento para candidaturas independentes/sem partido.

No final de 2014, foi convidado pelo empresário Guilherme Leal, fundador da Natura, para fazer parte da Rede de Ação Política pela Sustentabilidade (Raps). É uma organização para preparar novos líderes políticos, candidatos a cargos no Executivo e no Legislativo:

— Tenho certa resistência de participar, de me inscrever e passar por critérios de seleção. Tenho sequelas do passado. Antes do AfroReggae, fui reprovado em tudo em que me inscrevi, e até hoje tenho certas dificuldades. Acabei sendo aprovado e hoje faço parte da Raps. De tudo que participei fora do AfroReggae, a Raps é a organização com que mais me identifiquei. Estou com 47 anos. Minha cabeça mudou, está mais aberta.

Entende que seus reposicionamentos deram outra dimensão ao seu trabalho:

— Antes eu era visto como um ativista social, que criou um legado sociocultural razoavelmente grande e de muito impacto, que trouxe temas importantes como favela, jovens em situação de vulnerabilidade social, recuperação de quem quer largar a criminalidade. Hoje foco no empreendedorismo no Terceiro Setor. Eu trouxe grandes empresas, como Tim, Natura e Santander, para as favelas, para o desenvolvimento desses locais e elaboração de negócios. Também era visto como conivente com o crime. Sofremos os ataques. Mesmo podendo ser assassinado, resolvi encarar o problema. Sou visto como alguém marcado para morrer, louco, suicida, e depois quase como herói, já que não me exilei do Brasil.

Acredita que sua decisão política chegou a mudar sua imagem pública:

— Fazer parte do programa de governo do Aécio é algo que me reposicionou e me fez muito bem. É um dos grandes orgulhos da minha vida. Se tem algo de que sinto orgulho em mim é dessa luta, da quantidade de mensagens que recebo... Na verdade, comecei apanhando com o Aécio. Lembro de ter, na época, cerca de 68 mil seguidores no Facebook. Quando saiu minha foto com ele, sumiram uns quatro mil de uma hora para outra. Fiquei até preocupado porque foi caindo muito rápido. As pessoas me chamavam de traidor e fiquei sem entender a quem tinha traído, pois não era de partido nenhum. Logo depois da Copa assumi uma postura mais ativa e comecei a postar declarações de apoio. Hoje tenho uns 200 mil seguidores. Virei uma das grandes referências da campanha. Nunca uma derrota foi tão vitoriosa. Antes das eleições o país só tinha um líder, mas agora tem dois: Lula e Aécio. Isso me fez um bem incrível. Ele é uma pessoa que adoro, admiro e de quem sou amigo. Para eu fazer alguma coisa, tenho que gostar da pessoa, admirar e ter respeito. O que me interessa é a relação de confiança, amizade e lealdade. Se um amigo muda de empresa, vou junto. Eu sou ele. Também posso continuar com a empresa que ele deixou.

Teve a lealdade testada e não fraquejou:

— Houve um momento em que o Aécio estava muito mal e comecei a receber algumas coisas do pessoal da Rede, da Marina Silva, que também é um partido de que gosto. Me identifico de alguma forma com quem está lá. Tem o Guilherme Leal e o Ricardo Guimarães.

Guimarães entra no bolo das conexões políticas pela proximidade com Marina, mas é um especialista em branding (atributos e posicionamento de marca) com um peso muito maior:

— São três gurus na vida. Waly Salomão, Lorenzo Zanetti e o Ricardo, que surgiu na minha vida por acaso e, no primeiro momento, se encantou comigo. Vi que ele poderia ser meu mestre Yoda e eu, o seu Luke Skywalker. Ele tem o dom da magia e do magnetismo. Me ensina a ser líder e discípulo e me inspira a ser um pai melhor. Tenho certa convivência com ele e com sua família. Adoro almoçar ou jantar na casa deles, ser amigo dos filhos, e adoro mais ainda tê-lo como meu guru, mestre, ídolo e referência. Sinto muita falta dele quando ficamos distantes. Ele me ensina muito, e em diversos momentos eu queria ter sua inteligência e sagacidade.

Nem mesmo o vínculo e a admiração pela então ascendente candidata, porém, o fizeram vacilar:

— A própria Marina, que adoro, me procurou. É a única candidata que recebi em duas eleições seguidas: em 2010 e 2014, junto com o Eduardo Campos. E o Aécio estava caindo assustadoramente, e algumas pessoas de quem gosto me convidaram para um encontro no Jockey com a Marina, que subiu vertiginosamente depois da morte do Eduardo. Na própria visita dela e do Eduardo em Vigário Geral, eu já tinha comentado que estava com o Aécio e, nesse momento de fragilidade, lembrei, para quem me convidava a migrar de time, que eu era um dos coordenadores, que estava no programa de governo do Aécio. Disseram: "Ah, você sabe que ele vai perder, que não vai nem para o segundo turno." Também vi muitas pessoas que estavam compromissadas com ele falando que o ex-presidente Fernando Henrique Cardoso já estava pilotando uma aliança para apoiar a Marina no segundo turno etc. Fiquei firme. Sou o tipo de cara que faz questão de entrar no navio que pode afundar mesmo estando do lado de fora. Eu me sinto um pouco Highlander. Se estou com um cara, vou com ele até o fim. Teve um dia em que o próprio Aécio me telefonou. E foi bem claro, admitindo: "Irmão, a situação está muito difícil." Perguntei se ele continuava acreditando, e ele respondeu que sim, mas que eu ficasse à vontade, que eu tinha uma missão maravilhosa no AfroReggae. Fiquei meio bolado, pedi para ele explicar melhor.

Aécio disse que, com uma eventual derrota, temia que sofresse algum tipo de retaliação política. Foi o que bastou para, ao seu estilo, assumir uma postura ainda mais agressiva de ataque ao PT.

— Avisei, sorrindo, que, se ele continuasse com aquela história, iríamos brigar feio. Ele, com todo o seu carisma, me agradeceu e disse que tinha muito orgulho de eu estar ao seu lado. Ele gosta da gente. É uma relação de amizade, respeito, carinho e afeto. É um cara que me marcou muito. Continuo do seu lado postando, me posicionando e lutando por um Brasil melhor.

De qualquer forma, acredita que o resultado das eleições não queimou seu filme com todos os petistas e se diz aberto ao diálogo:

— Para conversar, estou sempre aberto. Mas nunca pensei em cargo no governo. Vivo recusando convite para me filiar a partido, mais ainda para ser candidato. O Aécio mesmo me convidou para ser ministro, com possibilidade de escolher entre três ministérios. Ele me ofereceu primeiro o de Cultura, que jamais aceitaria. Quando o Fernando Gabeira estava forte como candidato a prefeito do Rio, a Regina Casé articulava para que eu fosse o secretário de Cultura dele. Nem sei se eu iria para Brasília com o Aécio. Não sei. Ele veio primeiro com o papo para a Cultura. Depois falou sobre Juventude. Em seguida, começou uma conversa que me balançou: para eu assumir os Direitos Humanos. Eu não me meti nessa por cargo. Adoro meu trabalho no AfroReggae e não consigo me ver fora da instituição. Só que, por outro lado, algumas pessoas que estão comigo há muitos anos e outras que eu conheci na campanha comentavam: "Imagina, do jeito que você é maluco, nos Direitos Humanos, indo resolver uma rebelião num presídio?" Cacete, eu iria dar uma cambalhota nesse ministério. Isso mexeu comigo. Ainda mais porque não aguento mais ficar enterrando as pessoas. Acho que, com ONG, não consigo fazer mais do que já faço. Só mexendo na estrutura lá de cima. Meu mapa astral diz que meu futuro é esse. Mas não acredito porque não consigo abrir mão de ficar perto dos meus filhos e de certos posicionamentos. Não me vejo, por exemplo, na Assembleia Legislativa, na Câmara dos Deputados ou no Senado. Sobra cargo majoritário. Sou mediador, mas não faço concessões como têm que ser feitas às vezes. Tenho a coisa da honra e da ética. Então, prefiro ajudar os políticos em quem acredito. Acho melhor municiar essas pessoas com conteúdos, informação e ideias. Acho que me afastar do AfroReggae seria muito traumático. Não posso sair dessa bênção.

A campanha também serviu para aproximá-lo do empresário Marcus Buaiz, da jornalista Andreia Neves (irmã de Aécio), do economista Armínio Fraga e do vereador Andrea Matarazzo. Também se aproximou do núcleo de jovens negros do PSDB: o Tucanafro.

Dentro da sua filosofia de lealdade extrema, não deixa de prestigiar seus aliados políticos mesmo quando estão em baixa:

— Gosto muito do Sérgio Cabral. É um cara que me pediu que eu ficasse no Brasil, com minha mulher grávida de nove meses, quando o Beltrame e o ministro da Justiça, José Eduardo Cardozo, me ligaram falando que não tinham como garantir mais minha segurança. Ficaria ruim para o governador eu ir embora; mostraria fragilidade política. Fiquei. Acho que ele é o maior governador de todos os tempos. Podia falar mal agora, mas faço questão de dizer que ele foi o melhor. Vai ser difícil alguém conseguir fazer o que ele fez. Ele reposicionou o estado e a cidade. Foi o maior vitorioso nas últimas cinco eleições. Inclusive, o próprio Aécio teve uma boa participação na cidade e reduziu a diferença histórica que o PT tinha sobre o PSDB graças ao Sérgio. Quando o helicóptero caiu e houve aquele escândalo com o Sérgio (no acidente morreram sete pessoas, entre elas a namorada do filho de Cabral, em junho de 2011, em Trancoso, na Bahia, e descobriu-se que o governador fora na ida com um jatinho emprestado pelo empresário Eike Batista para comemorar o aniversário do dono da construtora Delta, Fernando Cavendish — ambos com volumosos negócios com o governo e envolvidos em denúncias), ele andou sumido e reapareceu num evento e subiu ao palco com a presidente Dilma e o prefeito

Eduardo Paes. Cinco pessoas foram agraciadas com um prêmio especial, incluindo eu. Prefiro não citar nomes, mas a primeira pessoa subiu e parabenizou todo mundo, sem citar o nome do Sérgio. A segunda pessoa que subiu era um policial militar com traje de gala e que também agradeceu a todos, menos ao Sérgio. Fui o terceiro a subir e agradeci, lembro até do discurso. "Quero agradecer ao jornal *O Dia* por esse prêmio em reconhecimento do trabalho do grupo cultural AfroReggae. Não é por acaso que, nestes últimos cinco anos, o AfroReggae cresceu bastante. Isso se deve muito à gestão de uma pessoa que vocês chamam de governador e eu chamo de Sérgio. Nesse momento ele está aqui, no pior momento da sua vida. E eu, como amigo leal, faço questão de falar o nome dele. Quero dedicar esse prêmio ao meu amigo, que também é governador, Sérgio Cabral." Ele me abraçou e, com os olhos cheios de lágrimas, agradeceu: "Só você para fazer isso neste momento tão difícil."

Também reafirma seu apreço pelo ex-secretário estadual de Saúde Sérgio Côrtes, que, além de ter sua gestão investigada por uma série de irregularidades, ainda foi fotografado dançando com um guardanapo na cabeça num jantar, com a presença de Cabral e suas respectivas mulheres, num luxuoso hotel em Paris, numa farra bancada por Cavendish:

— Ele bancou parcerias importantes com o AfroReggae. O Sérgio Côrtes estava do meu lado quando meu pai morreu. Quando o Dieguinho do Violino morreu, vítima de leucemia. Quando o Evandro morreu. Também estava quando várias pessoas que encaminhei foram salvas. Em vários momentos da minha vida o Sérgio Côrtes estava junto. Adoro esse cara. Gosto de pessoas, polêmicas ou não. Sou muito leal às minhas relações.

Dieguinho era a estrela da Orquestra de Cordas do AfroReggae, vítima de leucemia aos 12 anos. Ele ganhou notoriedade nacional ao aparecer tocando seu violino, aos prantos, no sepultamento do coordenador de projetos sociais do AfroReggae, Evandro João da Silva, ferido em um assalto e furtado por PMs que passaram pelo local e não o socorreram, enquanto ele ainda estava vivo, em 2009.

Com Lula, a admiração esfriou:

— Depois daquele lance no Canadá, estive com ele já presidente quando recebemos um prêmio do Gil, da Ordem do Mérito Cultural, e depois na inauguração do teleférico do Alemão. É uma pessoa que já admirei muito e em quem votei em todas as eleições em que se candidatou. Não votaria mais nele.

Sobre a presidente Dilma:

— Não sou amigo da presidente Dilma. Fiz a campanha do Aécio, mas antes disso e dos escândalos eu tinha muito respeito por ela. Tivemos dois encontros. Recebi das mãos dela a maior honraria que um brasileiro pode receber: a Medalha da Ordem do Rio Branco. Conversamos um pouco depois da cerimônia: a presidente falou da importância do nosso trabalho. O segundo encontro foi depois das manifestações. Foi uma reunião horrível, em que todos estavam muito perdidos, principalmente ela. As pessoas não falam a verdade, não é? Estava no auge das manifestações e tinha acontecido aquele problema na Maré, em que tinha morrido um sargento do Bope e mais umas dez pessoas, em junho de 2013. Ela não sabia do ocorrido 24 horas depois. Eu que falei para ela. Foi uma reunião péssima. Percebi que ela queria resolver os problemas, mas estava muito mal assessorada e enganada.

Deu química com ela?

— Não.

O ex-governador do Rio, Anthony Garotinho, ficou fora da sua lista de políticos com bom relacionamento. Mas, mesmo assim, faz ressalvas quanto às críticas:

— Acho que ele é um dos grandes equívocos da política brasileira. Mas não tenho nenhuma prova contra ele. As pessoas comentam sobre acordos da política com o crime organizado. Não vou ser leviano, é o que dizem. Se descubro coisa errada, não alivio nem amigo. Não dizem que sou milionário e que jogo dos dois lados? Como estou vivo, então? Essa escolta policial, esses caras que estão comigo 24 horas por dia fazendo a minha segurança, não acabariam vendo algo e me investigando? Nunca falei: "Hoje não precisa ficar aqui." O Garotinho não foi meu adversário, nem eu dele.

E o atual prefeito do Rio?

> — O Eduardo Paes tinha pé-atrás comigo. Por mais que
> tenha diferença, ele veio da escola do César Maia, que
> sempre implicou com ONG. Um dia ele me chamou no
> gabinete dele e falou algo do tipo que tinha má vontade
> com ONG mesmo. Mas elogiou minha postura com o
> Sérgio Cabral. Ele sabe que, na primeira eleição dele,
> votei no Gabeira, no primeiro turno, e nele, no segundo.
> Nunca escondi isso dele. Nessa eleição agora, mesmo
> eu sendo amigo do Freixo, votei no Eduardo. Ele falou
> que minha postura foi de dignidade e lealdade. Sou leal.
> Gosto muito do Marcelo Freixo, que tem um trabalho
> de mediação muito parecido com o meu, só que ele tem
> experiência maior em rebelião em presídios. Minha área é
> favela. É uma pessoa que estimo bastante e de quem tenho
> orgulho da amizade. Foi minha primeira doação física em
> campanha. Sempre voto nele para deputado estadual; acho
> que é o melhor da categoria. Meu voto no Eduardo Paes
> é porque acho que é o mais preparado. Ele é um gestor
> público que conhece a cidade como ninguém. Cada rua,
> beco, canto da cidade e a máquina municipal: ele sabe tudo.

Fica claro que o prefeito do Rio preferido foi outro:

> — Um cara muito importante na história do AfroReg-
> gae foi Luiz Paulo Conde. Ele apoiou financeiramente
> a viagem para a Europa e bancou shows. O Conde
> gostava muito do AfroReggae. Ele era um cara muito
> culto. A percepção dele para gastronomia, favela, o
> favela-bairro... Ele era um cara incrível. Em 1999,
> o grupo se estruturou mais musicalmente e tivemos

uma parceria com o Comunidade Solidária. Existem algumas injustiças neste país, abrindo parênteses para o Comunidade Solidária, que ninguém comenta, mas foi, talvez, o programa de governo que mais fez as ONGs comunitárias crescerem no Brasil. Depois os Pontos de Cultura (projeto criado na gestão de Gilberto Gil no Ministério da Cultura) fizeram isso, mas o primeiro foi o Comunidade Solidária, com a Dona Ruth Cardoso. Ninguém queria financiar quem não sabia prestar contas e elaborar projetos. Uma parte do projeto era para capacitar. Eles ensinavam a fazer relatórios, ensinavam tudo. É uma maldade esse negócio ter sido esquecido. Quem passou pelo Comunidade Solidária sabe bem o que ele fez por todo mundo. Era governo, mas, ao mesmo tempo, não era. Era uma coisa bacana para caralho.

Outro da sua lista dos queridos é o governador Luiz Fernando Pezão:

— Quem levou o Pezão para as favelas fui eu. Conheci antes do Sérgio Cabral. Também tenho uma ótima relação com ele. Somos tão íntimos e resolvemos tantos problemas juntos que ele me chama de "pica". Não que eu seja "pica", mas que só trago ou só resolvo "picas". Foram tantas. Uma delas era a ida do presidente Lula a uma favela para inaugurar uma UPA e um plano arquitetado para colocar crianças tacando ovos nele. Não era boato e fomos. Geralmente, quando tinha visita do Lula, a gente ajudava. Fora as demandas vindas das favelas. O Pezão foi o melhor vice-governador da história. As pessoas das favelas nem faziam questão de falar com o

Sérgio Cabral. Sabiam que o Pezão tinha autonomia e poder para decidir. Mesmo com essa força, ele fazia questão de dizer que só podia realizar e resolver porque o Sérgio permitia. A relação e a afinidade deles era de uma sintonia incrível. Agora, que o Pezão é governador e num momento fodido como o país e o estado estão, percebo o quanto ele tem habilidade nessas situações de crise e desesperança. Está no começo de governo e, quando falamos, ele fala dos problemas, mas com muita fé e trazendo pessoas competentes para os cargos técnicos. Os secretários dele não ajudam, e a grande maioria é bem fraca. Tem uns que acho muito bons, mas o restante não ajuda, ainda mais neste momento difícil.

Ainda no campo político, como já referido, o projeto que o aproximou de Aécio foi o Juventude e Polícia. Como tudo na sua vida, esse é um episódio cheio de histórias:

— Em 2002, participei de uma pesquisa do Cesec chamada Elemento Suspeito, coordenada pela professora Silvia Ramos. Eles estavam monitorando blitze e abordagens policiais. Quando fui entrevistado e falei a quantidade de vezes em que era parado semanalmente, a professora Silvia Ramos falou que bati todos os recordes da pesquisa e me perguntou o que achava. Eu disse para ela que achava normal, já que eu saía de favelas como Vigário Geral, Parada de Lucas, Complexo do Alemão, Vila Cruzeiro, Vila Vintém, entre outras, de noite e de madrugada, com o carro lotado de homens. Falei também que, se a polícia não me parasse, era porque estava com medo.

Vivi uma situação marcante. Saindo de Vigário Geral e pegando a Linha Vermelha, peguei aqueles tiroteios hollywoodianos no Complexo da Maré. Uma pista estava fechada, e os policiais, atrás da mureta que separa as duas pistas. Era muito tiro. Os carros voltavam na contramão e, quando fui voltar, um policial gritou: "Você não. Vem aqui." Parei o carro e fiquei aguardando, até que ele chegou e falou: "Eu te conheço de algum lugar." Normalmente eu não me apresentava, mas dessa vez eu falei: "Sou do AfroReggae." O policial, mesmo no meio de um intenso tiroteio, continuou conversando comigo, como se nada estivesse acontecendo. Ele me fez outra pergunta: "Por que vocês só fazem shows para bandidos?" Ele estava se referindo ao circuito de shows Conexões Urbanas, e respondi que os nossos shows eram para os moradores das favelas, e não para os bandidos. Papo vem, papo vai, ele dispara: "Tem algum CD e camisa para o polícia?" Naquele momento, ele não estava me pedindo propina ou me extorquindo. Pedir camisas e CDs é algo normal. A maneira como ele me pediu lembrou muito os garotos das favelas. Eles sempre me pedem um monte de coisas. Respondi: "Claro. Não tenho um, não. Tenho três CDs e cinco camisas." Como eu já estava descolado, sempre andava com alguma coisa no carro. Ele pegou e agradeceu. Dei ré para manobrar e sair de frente na contramão quando o outro policial gritou: "Vai aonde?" O policial para quem eu tinha dado os CDs e as camisas falou que estava tranquilo. E eu, para completar, disse: "Deixei com ele três CDs e cinco camisas." O policial respondeu: "Somos vinte." Nessa hora, percebi que esse público era o mesmo com que eu

Com os pais, Clenair e José, no aniversário de 15 anos da irmã Rose Neide, em 1976.

Com a irmã Josecler.

Foto da carteirinha da escola.

Com Waly Salomão e Carlinhos Brown em 1995.

A convite da ONG Alternatives, do Canadá, José Junior e Lula palestraram em Montreal e Ottawa em 1996.

Com Cleber Sena em Amsterdã, em 1998.

Com Caetano Veloso e Flora Gil em 2005.

Com Regina Casé e Anderson Sá em Nova York, em 2004.

Com Faustão e a diretora Ângela Sander em 2005.

Com Estevão Ciavatta, em São José do Apartado, na Colômbia, em 2005.

Com o coronel Hudson de Aguiar, recebendo a Medalha do Mérito Segurança Pública no grau "Cavaleiro" da PMERJ, em 2006.

Paulo Niemeyer apresentando o tio Oscar Niemeyer a José Junior e Anderson Sá em 2006.

Com Cacá Diegues e Rafael Dragaud na produção do filme *Nenhum motivo explica a guerra*, em 2007.

Com Chinaider Pinheiro no presídio Moniz Sodré, em 2008.

No *Frograma do Jô*, em 2008.

Com Fernando Gabeira para o *Conexões Urbanas* em 2008.

Com Marcelo Freixo na Alerj, recebendo a Medalha Tiradentes concedida ao AfroReggae, em 2008.

Com Pezão e Sérgio Cabral, assinando convênio para o Centro Cultural Waly Salomão, em 2009.

No *TV Xuxa*, em 2009.

No velório de Evandro João da Silva, em 2009.

Com Fernando Henrique Cardoso e Fernando Grostein na gravação do documentário *Quebrando o tabu*, em Vigário Geral, em 2010.

No programa *Roda Viva*, em 2010.

Com Fernanda Lima no Prêmio Orilaxé, em 2010.

Com Tuchinha (de óculos escuros), que saía da prisão após 21 anos, em 2011.

Homenagem recebida na cerimônia de comemoração dos 60 anos do jornal *O Dia*, em 2011.

Com Rafael Cortez e Diego, o Mister M, em 2011.

Em Eldorado dos Carajás, para o *Conexões Urbanas*, em 2011.

Com Marisa Monte visitando o Estúdio Natura Musical, em Vigário Geral, em 2011.

Com Roberto Talma e Johayne Hildefonso no Prêmio Orilaxé, em 2012.

No Bloco AfroReggae, em 2011.

Gravação do programa *Papo de Polícia*, na Ilha de Marajó, em 2012.

Com o ministro da Justiça José Eduardo Cardozo no Morro Santo Amaro, em 2012.

Com Fernando Haddad em 2013.

Com Geraldo Alckmin e Fernando Grostein em 2013.

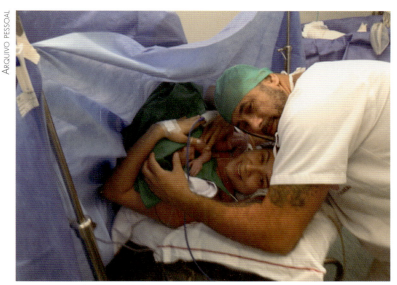
Nascimento da filha Lakshmi, em 2013.

Recebendo medalha de Dilma Rousseff pelos 20 anos do AfroReggae, em 2013.

Reunião no comando-geral da PMERJ após os ataques ao AfroReggae em 2013.

Com Falcão nas gravações da sexta temporada do *Conexões Urbanas*, em 2013.

Com Jean Wyllys na sede do AfroReggae, em 2013.

Bloco AfroReggae em Ipanema em 2014.

Com Aécio Neves em 2014.

Com Marina Silva e Eduardo Campos em 2014.

Com Eduardo Paes no Prêmio Extraordinários, em 2014.

Com o fisioterapeuta Ricardo Kelly, em 2014.

Com Celso Pimenta, o Playboy, meses antes da morte do traficante, em 2015.

Com a mulher e os filhos em 2015.

lidava todo dia. A diferença era a idade e a profissão. Como eu já tinha participado da pesquisa, a Silvia Ramos era o que eu tinha de mais próximo da área de Segurança Pública. Eu a procurei e disse: "Professora, quero fazer um projeto com a polícia." E ela me respondeu: "Você quer dizer contra a polícia..." Eu disse que não. Relatei o ocorrido na Linha Vermelha e ao longo da minha vida e ela topou. Procuramos a Elizabeth Leeds, da Fundação Ford.

A implantação do projeto começou sob desconfiança e boicote:

— Chegamos a Belo Horizonte em agosto de 2004. No primeiro dia de inscrição nenhum policial apareceu. No segundo, também não. E assim foi nos outros dias. Até que, no último, falei com o coronel Josué (comandante do 22º Batalhão de Minas Gerais). Tinha oficinas de percussão, grafite, vídeo, mas ninguém se interessou. O coronel me perguntou quantas pessoas eu queria. Respondi que precisava de dez a vinte. Ele reuniu a tropa e, da sua maneira, explicou sobre o projeto. Ele não entrou em detalhes sobre a não inscrição e chegou disparando: "Estou precisando de voluntários." Apontou para uns quatro e disse: "Você, você, você e você são voluntários. Quem mais?" A tropa inteira deu passo à frente e falou que era voluntária. Infelizmente, não tínhamos vagas para todos. Aproveitei e informei que eles poderiam usar calças de moletom ou short. Todos os policiais vieram fardados e armados, como retaliação. Eles não queriam participar do projeto. Se a intenção era protestar, acabou virando o charme do Juventude e Polícia. Os primeiros dias foram tensos. Eles vieram armados para botar um pouco de terror, mas acabou que enriqueceram completamente o que tínhamos idealizando. O tempo foi passando e a coisa foi ficando cada vez menos tensa. Ver o Paulo Negueba (vítima de um incidente policial como veremos depois), o Johayne Hildefonso e a Silvana Moreira participando foi bastante gratificante. No último dia da primeira semana, vi uma cena que me marcou como o sucesso do projeto: o Negueba passou a mão na bunda do policial, que gritou: "Opa, essa é minha!", com a maior intimidade. É brincadeira machista, mas... No final teve um show com o Rogério Flausino, com a banda AfroReggae e o pessoal do NUC (grupo do aglomerado Alto Vera Cruz). Foi um grande sucesso, e vi os policiais chorando abraçados com o pessoal do AfroReggae. Foi uma grande quebra de paradigma, porque a gente fala muito do preconceito do policial com o jovem preto e pobre da favela, mas esse jovem também tem preconceito com o policial. As pessoas falam mal da polícia, mas é para ela que ligam quando precisam. É verdade. Não importa o problema. Não estou aqui justificando ou tampando os problemas da polícia, como os casos de abusos, violência ou corrupção. Então, resgatar certos valores foi importante para os dois lados. Ver um cara de Vigário dando aula para um policial ajudou a romper muitos preconceitos. No mês seguinte, levamos o projeto para um batalhão comandado por uma mulher. De aparência frágil e doce, a tenente-coronel Luciene Albuquerque era dura e não permitia ternura. Não precisava gritar para impor sua liderança e autoridade. Para enriquecer ainda mais as nossas oficinas e o próprio projeto, fizemos aulas de percussão, grafite e circo. Era incrível ver policiais indo a escolas ou mesmo favelas fardados e armados, mas tirando do ônibus latas de tinta, instrumentos de percussão e bolas de basquete para ensinar street ball. Imagem fortíssima.

O clímax do Juventude e Polícia foi no palco do Canecão, uma das mais badaladas casas de show no Rio, que pertence à UFRJ e está abandonada:

— Levamos a banda do Juventude e Polícia para o Prêmio Orilaxé. O Canecão estava lotado e teve participação dos grupos do AfroReggae e de artistas como Dorina, Arlindo Cruz e Gilberto Gil. Metade da plateia era de moradores das favelas. A outra metade, de formadores de opinião, artistas e moradores da Zona Sul. Na hora em que os policiais entraram fardados e armados, com seus instrumentos de percussão, junto com os instrutores do AfroReggae, uma parte do Canecão vaiou, outra aplaudiu e uma terceira ficou atônita. Não divulgamos que os policiais iriam fazer uma participação especial. Foi um choque. As vaias foram maiores, na verdade. No final da apresentação, o Canecão inteiro ovacionou. Tinha dois produtores do *Domingão do Faustão* na plateia. Consequentemente, aquelas imagens impactaram tanto que fomos convidados para o programa, numa época em que o Gugu estava vencendo. A querida e saudosa diretora Ângela Sander nos colocou para fazer uma apresentação ao vivo. Foi foda e desafiador. Ela disse que poderia durar de três a treze minutos, o que era um tempo absurdo. Quando entramos no palco, foi uma comoção na plateia: policiais tocavam de verdade. Acabamos ficando praticamente todo o primeiro bloco antes do Campeonato Brasileiro. Passou de trinta e cinco minutos. Lembro que, atrás do palco, tinha um equipamento que media a audiência e a Ângela e a equipe estavam vibrando. Quando os policiais começaram a tocar, dançar e também sensualizar com a coreografia, o público veio abaixo. Dois deles subiam em cima dos surdos rebolando, abrindo a camisa da farda e, embaixo, estavam com a camisa do AfroReggae. Durante toda a apresentação, eu estava no canto do palco, com o Fausto e a coronel Luciene, e ele me falou: "Pode continuar." Falei para ele que o nosso repertório poderia chegar a treze minutos. Ele pediu para ampliar e tivemos que improvisar na hora. Como ele mesmo dizia: "Quem sabe faz ao vivo." Os policiais não sabiam tanto, mas fizeram o seu melhor. Depois, fomos todos para o camarim e a Ângela me levou ao do Fausto, que me agradeceu muito. Estávamos muito felizes, mas eles pareciam estar muito mais. Durante os quatro anos que o AfroReggae e o Cesec estiveram à frente, o sucesso foi tão além do esperado que conversei com a Silvia Ramos e com a equipe do projeto e resolvemos acabar com a nossa participação. Parar no auge é muito bom. O Pelé está aí para provar.

De certa forma, o projeto continua vivo. O sargento Johnny mantém um bloco Juventude e Polícia fazendo apresentações. E, mesmo sem a mesma visibilidade, Junior acredita que algumas sementes lançadas renderam frutos:

— No período em que implantamos o projeto, entraram algumas viaturas da PM em Vigário Geral e teve um intenso tiroteio. Uma criança se feriu. Não digo por bala perdida, digo por bala achada. Os moradores se revoltaram e partiram para cima da polícia. Numa saída abrupta, esqueceram dois policiais na favela. Casos de policiais deixados para trás são bem comuns nas operações. A polícia tem muito disso. Tem um aqui do Bope, que está comigo hoje, que foi esquecido duas vezes. Como é que o cara vai embora? Nesse episódio de Vigário, a operação foi truculenta. Eles foram cercados pela população e por criminosos que iam matá-los. Dois integrantes do AfroReggae, que foram envolvidos com o crime antes de entrarem na instituição e odiavam a polícia antes do projeto Juventude e Polícia, não deixaram fazer nada contra os policiais. Olha só como é a vida. Meses depois, outro integrante nosso que tinha largado o tráfico recentemente foi abordado pela polícia e estava com uma camisa do AfroReggae. O policial puxou ele pela camisa e, mesmo ele se identificando, foi insultado e agredido. Ele reagiu e deu uma confusão fodida. Moral: acabou brigando com a Patamo (Patrulha Tático Móvel) inteira e resistiu à prisão. A confusão estava estabelecida. Me ligaram e parti para a delegacia. Antes, telefonei para o então chefe de polícia, Álvaro Lins, que, graças ao sucesso do Juventude e Polícia e da aproximação da inspetora Marina Maggessi, se aproximou para conhecer o nosso trabalho. Fui à delegacia e o delegado me disse que o coronel estava chegando, mas já tinha avisado pelo telefone que iria colocar o caso para a frente. O coronel Nepomuceno chegou à delegacia e, de maneira seca, mas educada, disse que abriria os procedimentos sobre desacato e agressão aos policiais militares. Um dos policiais estava ao meu lado com a farda rasgada e o pescoço arranhado. O coronel Nepomuceno era o comandante do 16º Batalhão. Conversei com ele e com o delegado na frente de um dos policiais agredidos, argumentando que não queria pedir nada que fosse fora da legalidade, mas que eles avaliassem, porque o rapaz estava recomeçando a vida e tinha largado o crime havia pouco tempo. Ele não tinha antecedentes criminais, mas fiz questão de ser transparente e contar a história. A maioria das pessoas que está no crime não é fichada. O coronel não se sensibilizou e mandou abrir o procedimento. Esse policial, que estava com a farda rasgada e arranhado, ficou mudo o tempo todo, mas falou: "Coronel, com todo o respeito, não posso fazer isso." O coronel respondeu: "Como não pode?" Então, ele contou essa história que nem eu sabia. O policial disse que foi esquecido na favela e salvo por integrantes do AfroReggae. Ele foi abandonado só com a arma do coldre, que não servia muito ali. Ver jovens do AfroReggae que foram traficantes, vítimas de violência policial, trabalhando junto com a polícia em prol de uma sociedade mais justa e igualitária é um grande gol do AfroReggae. Até hoje usamos os métodos do Juventude e Polícia, e o seu legado foi além de Minas Gerais. Já levamos essa experiência para Alemanha, Inglaterra, Rio de Janeiro e outros lugares, sem criar vínculos. Depois dessa história, o coronel Nepomuceno me convidou para ir ao 16º BPM e, logo no primeiro encontro depois desse imbróglio, ficamos amigos. O coronel era da umbanda. No seu gabinete tinha muitas imagens e ele usava muitas guias. Nunca mais encontrei com ele, mas passamos a nos respeitar e nos gostar muito.

Outro grande legado do Juventude e Polícia foi o documentário *Polícia mineira*, dirigido por Estevão Ciavatta:

— Na exibição do *Polícia mineira*, na casa da Flora Gil, a Marina Maggessi levou o Álvaro Lins. Havia muitos artistas e formadores de opinião presentes. O Álvaro fez uma fala incrível e foi a grande atração do evento. Foi nesse dia que conheci a Renata Sbardelini, da Natura, e daí vem uma das parcerias mais antigas que o AfroReggae tem com o setor privado. Lembro de Letícia Monte, Denise Chaer e Leonardo Netto apresentando o que era o AfroReggae. O Léo falava para a Renata: "Você tem que patrocinar o AfroReggae." O Léo é outro cara que adoro e de quem sou fã. Tudo que ele faz é de uma qualidade extrema, e como gestor de carreiras ele é campeão.

Álvaro Lins ficou tão empolgado que organizou, com o secretário estadual de Segurança Pública, Marcelo Itagiba, e o comandante-geral da PM, Hudson de Aguiar, uma exibição no quartel-general para todos os comandantes da corporação e delegados titulares:

— Auditório lotado, logo no começo o filme mostra o lance do Paulo Negueba baleado e cita a operação equivocada do Bope em Vigário Geral. Pronto! Foi o estopim para uma voz vir do fundo reclamando. Achei que, a partir dali, haveria várias manifestações desse tipo, mas foi a única durante o filme. Depois, acabando a exibição, os policiais aplaudiram, gostaram de verdade. Papo vem, papo vai, o Itagiba me pergunta se eu toparia trazer o Juventude e Polícia para o Rio. Ele sem microfone e eu com o meu. Respondi que, se fizéssemos no Rio, teria que ser com o Bope. Só que a minha voz estava vazando nas caixas de som e ele falou que o coronel Príncipe estava presente. Eu não sabia quem era, e ele disse que era o comandante do Bope. Eu, sorrindo, num momento de alegria, falei ao microfone: "Coronel Príncipe, o senhor está presente?" Na hora me veio uma voz tão ou mais alta que a minha, amplificada pelas caixas de som, perguntando: "Quem está me chamando?" Reconheci que era a mesma voz de quem havia reclamado no início do filme. Ele veio em minha direção, aquele homem que parecia uma mistura de Rambo com Robocop, falando alto para caralho: "Vai me dar camisinha também." Ele estava se referindo à camisa do AfroReggae, dada aos gestores de segurança. Nisso, a imprensa toda que estava presente vira suas câmeras e microfones, e ele dispara: "Não me filma. Não me fotografa." Todo mundo baixou as câmeras. Ele apontou para os três (Álvaro, Itagiba e coronel Hudson): "Não sou igual a eles. Não ando com escolta e segurança", justificou o motivo pelo qual não queria ser filmado e fotografado. Durante a caminhada, ele também começou a soltar o seu colete, me perguntando se eu usaria uma camisa do Bope. Para a época, era um questionamento do caralho para mim. Virei e falei:

"Pode tirar que vou usar." Ele travou. Jamais daria uma camisa do batalhão para um cara como eu, visto como simpático ao crime ou mesmo bandido. Ele queria me constranger. Passei a focar nele e parti para um diálogo. Confesso que gostei muito da atitude dele. Tanto que depois me encontrei com ele para avançar com o projeto, mas ele foi exonerado em seguida.

Então, com tanto prestígio, por que o Juventude e Polícia não avançou?

— Até hoje algumas pessoas questionam o término do Juventude e Polícia. Por mais que eu explique que ele não tinha mais como crescer e que ia começar a cair, como está acontecendo agora com as Unidades de Polícia Pacificadora (UPPs), embora acredite muito nelas. Pensei: "Essa porra vai cair e é uma referência. A gente conseguiu muita visibilidade. Chega."

Oriundo da sua aproximação ao mundo dos políticos, seu apoio a Aécio Neves o elevou a "outro patamar" e entende que passou a ser visto com outros olhos. O acesso às suas contas nas mídias sociais aumentou de maneira impressionante. Não precisou de muito tempo, porém, para sentir na pele que, no Brasil de hoje, se envolver com política é ter uma exposição ainda mais barra-pesada do que negociar com bandido.

No dia 2 de abril de 2015, Eduardo de Jesus Ferreira, 10 anos, foi morto por um PM, com um tiro de fuzil, na porta de casa, durante uma ação no Morro do Alemão. O crime, como era de se esperar, provocou comoção geral. Como se acha na obrigação de se manifestar em todos os episódios envolvendo violência nas comunidades carentes, escreveu em sua página no Facebook um texto que deu margem a uma interpretação dúbia. Repetindo um vício que vive criticando na grande imprensa, afirmou que: "segundo informações, o menino era bandido". Não apurou nem esperou apuração oficial.

Uma das muitas coisas que o afasta da unanimidade é justamente a defesa que faz de solução não violenta até com facínoras de alta periculosidade. Jamais defenderia a morte de uma criança, mesmo que fosse criminosa. Ainda mais publicamente. Mas essa versão se espalhou como um rastilho típico do mundo virtual. A onda foi tamanha que recorreu a uma consultoria especializada em internet, que detectou que os principais focos de dispersão (como os internautas chamam a capacidade de multiplicação de um post) foram blogs e sites ligados ao PT ou a governistas. Para piorar a situação, a mãe do menino Eduardo, Terezinha Maria de Jesus, anunciou à imprensa, na porta da delegacia: "Quero mandar um recado para o José Junior, que disse que meu filho é bandido. Bandido é ele. Vou processá-lo por isso."

A pancadaria geral mexeu com ele, mas a reação da mãe foi o que o deixou muito mal. Fez de tudo para ter um encontro com ela, ao menos conversar por telefone. E não conseguiu. A situação se agravou porque a polêmica publicação original no Facebook foi apagada. No mundo da internet, sumir com uma pisada de bola é ainda mais grave do que a própria pisada de bola. É um reconhecimento envergonhado do erro, uma tentativa covarde — e infrutífera, porque é impossível sumir com todas as reproduções — de enterrar a história. Assegura não ter apagado e fez uma consulta formal ao Facebook sobre o responsável. Não descarta a hipótese de o próprio Facebook ter excluído a postagem, pois já havia feito isso antes quando publicou fotos e vídeos com imagens fortes. No seu post havia uma foto com o corpo do menino Eduardo. O Facebook, com cujos gestores mantém contato direto, nunca respondeu.

Sem conseguir falar com a mãe do garoto morto, recorreu à mesma ferramenta para se defender, postando e pedindo para amigos replicarem sua explicação a respeito.

Já percebeu que, além de bandidos e de policiais, daqui para a frente vai ter que enfrentar ativistas políticos.

Logo em seguida, começou a circular uma montagem em que, no topo, aparece a foto de Eduardo e, embaixo, Junior, sorridente, com uma criança de olhos azuis, dando a entender que seu julgamento equivocado foi fruto de preconceito racial. Não bastasse isso, também começaram mensagens questionando as suas verdadeiras intenções nas denúncias que fez contra o pastor Marcos Pereira — provavelmente a maior confusão que arrumou na vida e que será tratada mais adiante.

A verdade é que sua vida mudou. E para pior. Desde a campanha presidencial, segundo levantamento da assessoria de Aécio, depois do próprio candidato, é o que mais sofre ataques nas redes sociais:

> — Tenho a cara da esquerda, pela minha história. Realmente, sempre votei no Lula, na Dilma e na Marina. Nunca votei no PSDB. Essa foi a primeira vez. Então, para eles, eu era um traidor. Como posso ser um traidor de uma coisa que nunca fui? Nunca fui do PT. Como o Aécio perdeu, algumas pessoas falaram: "Quero ver ele falar do Aécio agora." Não tem uma semana que eu não fale dele. Tem vezes que eu falo três, quatro, cinco vezes, todo dia. Se eu achar que tenho que falar, falo.

Até o julgamento das contas do governo pelo TCU, estava entre os que entendem que não há embasamento legal para um pedido de impeachment de Dilma. Além de sentir que a vida ficou mais complicada, na hora do aperto não recebe a solidariedade de muita gente em quem confiava. Guarda mágoa sobretudo de pessoas que não lhe apoiaram quando esteve, com sua família, sob grande perigo:

— Já me decepcionei com muita gente. Nessa confusão em que me meti, recentemente, pessoas com quem eu contava me deixaram na mão. Depois elas me procuraram, quando dei a volta por cima. Nunca tive tanta solidariedade na minha vida. Foi giga. Mas algumas pessoas amigas não se manifestaram. Não vou dizer nomes; elas sabem quem são. Estou buscando viver um novo momento. Já fiz muitos inimigos e prefiro seguir em frente. Prefiro falar das pessoas que têm me marcado, como o jornalista Luís Erlanger, que, quando assumiu a CGCOM (antiga Central Globo de Comunicação), extrapolou as funções do seu cargo e criou um cinturão de proteção em torno do AfroReggae. Algumas pessoas me marcaram muito durante esse momento de caos. O Falcão, de O Rappa, me procurou e demonstrou ser muito parceiro. A cada dia que passa me impressiono muito com o Rony Meisler, da Reserva. O Paulo Ferraz, que se autodenomina olho de vidro (tremenda mentira), tem sido um irmão mais velho e um ombro amigo que me permite chorar quando preciso. O Luciano Huck é meu grande amigo, irmão. O Fábio Barbosa espalha para os quatro cantos do Brasil que sou um dos brasileiros vivos mais importantes. Outra pessoa de que sinto muita falta, que voltou para a Espanha, é o Marcial Portela (ex-presidente do Santander). Ele me ensinou muito e me fez potencializar certos talentos em mim que foram fundamentais. E, claro, minha mulher.

Alessandra tem sido bastante forte do meu lado e muito importante na minha vida. Ela tem aguentado toda essa carga de problemas que vivo e acaba se privando de muitas coisas. Devo muito a ela e espero poder retribuir ainda nesta vida.

Resume assim sua relação com parceiros:

— Nunca fui usado e nunca usei: sempre troquei. Nunca ninguém me usou.

A questão da lealdade recíproca é talvez a qualidade mais importante na sua filosofia de vida. E fez questão de exercitá-la quando, em 2005, ganhou um dos prêmios que considera importantes na sua carreira:

— Quem lê *O Globo* hoje não imagina como ele era no passado. Era um jornal muito elitista. Hoje não é tanto, mas já foi muito. Na época em que a gente ganhou o Faz a Diferença, como Personalidade do Ano, Míriam Leitão foi nossa grande defensora no júri, eu soube depois. Lembro que, quando a Míriam e o Ancelmo Gois chamaram a gente, o João (Roberto Marinho) subiu junto para entregar o prêmio. Achei bonito e bacana. Já tinha certa amizade com o João Roberto Marinho e com o falecido Rodolfo Fernandes (ex-editor-chefe). O Rodolfo subiu com o João. O Rodolfo não era tão simpático a mim na época. Tivemos vários embates, mas nunca desavenças, porque sempre fomos respeitosos um com o outro. Achei legal ele subir também. Na época, lá no Golden Room (do hotel Copacabana Palace), só tinha prêmio e não tinha música. O Afro Mangue, que é um grupo nosso, entrou e fez o maior barulho. Foi um sucesso. Era para acabar tudo, mas a Míriam me chamou e pediu que eu fizesse o encerramento. Eu já tinha falado, recebido o prêmio e feito uma puta fala. Respondi que já tinha falado e ela me pediu que falasse mais alguma coisa. Ainda estava pensando se falaria ou não quando ela disse: "Agora José Junior vai fazer sua fala final." Fazer a fala final, para mim, é sempre foda. Vi a dona Lily Marinho (viúva do Roberto Marinho, que morreu em 2011) sentada. Eu tinha acabado de ler um livro do Pedro Bial sobre o Roberto Marinho. Falei: "Sou empreendedor social, mas me inspiro muito em...", citei alguns nomes e deixei o Roberto Marinho por último. Falei sobre quando ele criou a TV Globo, o Projac, sobre como ele se arriscou. Quando olhei para a dona Lily, ela me inspirou a falar uma porrada de coisas, e começou a chorar. Falei isso porque eu tinha percebido que, em todos os vídeos, em nenhum momento havia passado a imagem do Roberto Marinho. Quando acabou o prêmio, ela virou para mim e falou: "Olha só, meu filho, ninguém falou no Roberto. Só ele." Ela falou para mim, mas se dirigindo à pessoa que estava ao meu lado. Não teve vídeo nem menção. O João estava ao lado e quase levou um sabão, porque nem ele havia citado o Dr. Roberto. Ela me disse que não era à toa que eu tinha ganhado o prêmio máximo e pediu que fizéssemos uma foto, que tenho guardada.

O prêmio Faz a Diferença é um dos poucos que valoriza, entre os muitos que recebeu:

— Não fico mexido com premiação. A Flora Gil uma vez disse que eu tinha um quê blasé. Ela me perguntava sobre as emoções e eu falava que não tinha, que minhas emoções eram outras. Eu me emociono mesmo, por exemplo, é vendo um moleque de Vigário Geral, que a mãe falava que não tinha jeito, virar um puta talento. Isso me emociona muito. Eu me emocionava muito em tirar alguém do crime. Não me emociono mais com essas coisas. Talvez a minha última grande emoção, em que chorei, tenha sido quando o Feijão foi à London School of Economics. Aquilo me marcou muito. Foi foda. Botar um ex-traficante discursando em Londres. Isso me emocionou, e ali chorei de alegria. Senti orgulho de mim. Senti mais orgulho de mim vendo o Feijão na London School do que em muitos prêmios que recebi. Abri mão de ir a esse evento para enviá-lo no meu lugar.

Feijão é um de seus xodós. Washington Rimas é até hoje um dos melhores exemplos de reintegração social via AfroReggae. Foi chefe do comércio de drogas em Acari (Zona Norte do Rio) e hoje já está fora do grupo. É palestrante, ator, empresário e captador de recursos. Participou do filme *Cinco vezes favela*, de Cacá Diegues. A aproximação maior entre os dois aconteceu num episódio, dos mais radicais na sua vida, que será contado mais à frente.

Nem levar a tocha olímpica mexeu com seus sentimentos:

— Em 2004, o Daniel de Souza, o filho do Betinho, me telefonou perguntando se eu topava correr com a tocha olímpica. Eu não sabia como era a história e não tinha noção que pessoas corriam com a tocha olímpica. Perguntei o que era e ele me disse que algumas personalidades iriam correr. Eram vários trechos da Zona Sul do Rio. Ninguém corria; era para ir numa marcha acelerada, acho. Mas saí correndo de verdade. Depois, vi na TV. Foi engraçado. Disparei, e o cara que acompanhava não conseguia se aproximar. Abri a maior velocidade. Muita gente me sacaneou. Não lembro de quem recebi a tocha, mas foi alguém famoso. O único que não era famoso ali era eu. O que eu pensava enquanto corria: nada. Foi bacana para minha história e para o AfroReggae ter um representante, mas não significou nada emocionante para mim. Só aceitei porque foi um pedido do Daniel, mas ainda bem que participei. Teria sido uma estupidez da minha parte não ter participado.

Só se empolga ao lembrar que, no micro-ônibus até a cerimônia, foi junto com Romário, que estava sentado, claro, na janela. Também no futebol, sua paixão é diferenciada:

— Sou Flamengo. Mas acho que eu era Zico, porque quando ele jogava eu via todos os jogos. Acho que eu era mais Zico do que Flamengo. Sou fissurado por alguns jogadores. Depois que o Zico se aposentou, eu me desvinculei um pouco. Eu ia ao Maracanã, na geral. Fui ao Maracanã quando o Zico encerrou a carreira. Depois, para ver Argentina × Bosnia e a final, Argentina × Alemanha. Copa do Mundo, Seleção Brasileira? Hoje tem amistoso e não estou nem aí. Mas jogadores mexem comigo. O Zico e o Romário marcaram a minha vida. O Romário marcou muito pelo jeito e pelo estilo no campo. Sempre tive muita afinidade com ele. Até na política mesmo. Todo mundo achou que ele estava indo para curtir e saiu um belo deputado federal, e agora senador da República. Essa coisa de estar com ele no ônibus foi muito bacana. Gostei muito da ideia que a gente trocou. O Dunga sempre me inspirou muito. Acho que fui uma das poucas pessoas que ficaram felizes com a volta dele para a Seleção. Adoro o Dunga. Acho ele o máximo.

Enche a bola do Faz a Diferença, mas acaba citando outras premiações que recebeu com emoção:

— Houve três prêmios muito importantes. Um deles foi dado pela Câmara Municipal do Rio, que é a Medalha Pedro Ernesto, que recebi da vereadora Aspásia Camargo. Chorei e tudo. Fiquei muito emocionado. Lembrei que, durante um período da minha vida, eu ia muito à Câmara para pegar selo com Augusto Boal e Edson Santos para postar o nosso jornal. Estar ali ocupando aquele espaço, que é tão malvisto, e ser reconhecido por uma parlamentar respeitada, com auditório lotado, foi bacana. A Medalha Tiradentes quem me deu foi o Marcelo Freixo. Na entrega, curiosamente, não tinha nenhum outro parlamentar. Alguns me mandaram recados de que não gostavam do Freixo, mas para nós foi incrível. Fizemos um grande espetáculo nas escadas do Palácio Tiradentes com dança, circo e música. Depois, no plenário. Outro prêmio ligado a questões públicas foi a Medalha da Inconfidência Mineira, dada pelo Aécio. Já recebi várias indicações e vários prêmios no Brasil e no exterior. Fui eleito pelo Fórum Mundial Econômico de Davos como um dos duzentos jovens líderes do mundo. É legal, mas não me marcou. Tanto que fui convidado várias vezes para o fórum e nunca fui. Nunca tive interesse. Não estou desmerecendo. Fiquei feliz, mas é isso.

Voltando à trajetória do AfroReggae, o próximo passo em Vigário Geral foi uma parceria com a recém-fundada Casa da Paz, criada pelo sociólogo Caio Ferraz, nascido na favela. A ONG ficava justamente na casa da família chacinada. Os primeiros anos foram bem-sucedidos, mas Caio se envolveu em polêmicas, sofreu ameaças e acabou deixando o país.

— No começo, essa inciativa teve uma visibilidade absurda. Todo mundo queria apoiá-la, e a Globo começou a colocar em suas novelas a questão social. A Eva Wilma falava em cena que ia visitar a Casa.

A novela era *Pátria minha*, mais uma marcante criação de Gilberto Braga, que tratava de forma contundente questões éticas e morais. Eva Wilma fazia Teresa Godoy Ramos Pelegrini, personagem oriunda de uma família aristocrata decadente que se dedicava a obras sociais:

— A Casa virou um frisson, uma puta referência, com muitos artistas plásticos. Todo mundo acontecia lá. O AfroReggae também passou a usar o espaço depois de inaugurado, já em 1994, para as oficinas de reciclagem de lixo. A gente não sabia tocar e aprendeu ensinando.

Todo mundo era voluntário; era uma época muito legal. Mesmo na Casa da Paz não cabia todo mundo. Então, a gente tocava na rua. Lembro que todo dia tinha tiroteio em Vigário e a gente no meio da rua tocando. Tinha que sair correndo. Depois de certo tempo, o tráfico não revidava até a gente sair da rua. Depois a polícia passou a fazer o mesmo.

Acho que foi a primeira vez que houve uma mediação do AfroReggae. Foi muito bom a gente ter começado lá. Minha família era contra, e a dos outros, também. Só um grupo de pessoas despreparadas, desqualificadas e sem noção do perigo para ir trabalhar em Vigário Geral sem morar na região. Naquela época, se fôssemos pessoas mais qualificadas, não iríamos. A verdade é essa. Era um risco extremo. Lembro-me de uma troca de tiros absurda em Vigário Geral em que o Luís, o mais velho dos alunos da percussão, com 16 anos, travou e ficou no meio do tiroteio. Todos fugiram e ele ficou. Tive que sair de onde estava, pegar o Luís e entrar. Quando entrei, encontrei fuzil na cara. Ele chamou a atenção porque estava com alça de suporte chamada talabarte, que era parecida com a que prendia os fuzis. Até explicar... Ninguém sabia o que era AfroReggae. O menos mal é que usávamos uma camisa com o nome da ONG e da Casa da Paz, com o apoio da MW Barroso, que era uma megaempresa de silkscreen com sede em Vigário Geral. Seu Murilo Walter Barroso, pai do Júlio Barroso, grande parceiro, músico e poeta da geração do Cazuza, Lobão e tantos outros, tinha um feeling muito grande para a arte. Era uma época muito difícil e feliz. Eu tinha pouco contato com o tráfico.

Nesse mesmo período, desembarcou em Vigário uma equipe do Médicos Sem Fronteiras, ONG mundialmente conhecida por atuar em regiões conflagradas:

— Quando eles entraram em Vigário Geral, ficou demonstrado que aquilo era uma área de guerra. Vigário ficou ainda mais conhecida com a chegada deles, porque a chamavam de Bósnia brasileira. Isso cada vez repercutia mais e ia me gerando certo incômodo. Tem pessoas que vivem do "quanto pior, melhor". Para mim, não. A gente resolveu intensificar as ações culturais. Convidei a Regina Casé para ser a madrinha da banda. Ela perguntou quem seria o padrinho, e sugeri o Caetano. Liguei para ele, que aceitou e me perguntou qual era o papel do padrinho. Respondi que era não faltar ao batizado. O que mais eu poderia pedir a ele? Ele deu muito mais do que isso.

O movimento começava a se estruturar, mas houve desentendimentos dentro da Casa da Paz:

— Todo mundo tinha saído de lá. Só tinha ficado a gente. Muita gente morreu e outros se decepcionaram. Uns fizeram coisas erradas e outros se deprimiram. Houve confusões lá, e eles já tinham saído antes. A mulher do Caio tinha muito ciúme da minha relação com os garotos, porque a molecada estava com o AfroReggae. Começou a espalhar dentro da favela que eu tinha uma relação estranha com os garotos, dando a entender que era sexual. Se você for acusado disso fora da favela, corre o risco de ser morto. Dentro da favela, então...

Eu andava e ficava um monte de garotos em cima de mim. Na época, eu devia ter 25 para 26 anos. É um lance que me embrulha o estômago. Falei com ele com respeito, que disse que não era nada disso, mas que não poderia ir contra a mulher dele. Saímos da Casa. A gente começou a usar a rua e depois conseguimos comprar um barraco, que custou dois mil reais. Vida que segue! O jornal, nessa época, estava tendo certa periodicidade e passou a financiar um pouquinho o projeto social, porque começou a se pagar com anúncios. Depois que a Fase botou aquela grana... Na verdade, peguei o dinheiro e também comecei a fazer festas. Investi em festa, não no jornal. Com o dinheiro da festa, financiei o jornal. O Lorenzo e Cleia Silveira não sabiam disso. Ele teve uma sobrevida. Tinha três, quatro edições planejadas para sair independente de anúncios. Foi um grande risco que corremos, mas quando você é empreendedor, ainda mais sem formação, utiliza muito da intuição. Quando eles entravam, as festas não paravam.

A banda, por enquanto, só existia no nome.

— Bem, existia porque o Caetano e a Regina já tinham batizado. Na verdade, era a oficina de percussão. Não tinha cantor, não tinha nada.

A busca por referências musicais acabou por impulsionar sua direção da formação pessoal:

— O Olodum fazia a música que mais me contagiava. Mas não foi só isso. Ver o João Jorge (presidente da entidade) falando também me contagiou. Ele é meu ídolo com Ayrton Senna. Meus gurus não foram meus ídolos. Meu ídolo é o João Jorge do Olodum. Acho ele incrível. Ele voltou a estudar com a minha idade e hoje tem doutorado. Só tinha o ensino médio. Voltou, mal terminou, emendou o mestrado e o doutorado na UnB. Conheci o João Jorge quando eles tinham acabado de lançar a camisa Malcolm X. Nunca tinha ouvido falar. Eles lançaram por causa do filme do Spike Lee. Descobri que ele e o Ivanir também eram da Ashoka e pensei: "Este lugar tem burguês, mas tem preto para caralho também. Tenho chance nesta porra." Achar que tinha burguês era forma preconceituosa minha. Não tinha nenhum burguês. A inscrição era por meio de formulários, menores que A4, datilografados. Quando cheguei lá, a secretária, Maria Néo, achou que eu era office-boy e que estava indo entregar alguma coisa. Ela não imaginou que eu fosse me inscrever. Não tive a ousadia de falar que era para fazer a inscrição. Fui chamado e cheguei lá todo de branco para a primeira entrevista, com a Cindy Lessa. Foi paixão à primeira vista de ambas as partes. Senti uma coisa meio maternal na hora em que ela me viu. Mulher tem essa coisa de mãe, não é? Ela deu avaliações positivas. Passei por todas as fases. Lembro que estava meio chateado quando cheguei à final. Lembro que saía de uma sala e entrava em outra. Eram quatro ou cinco salas. Passei por sabatinas diferentes. Fui sabatinado por um cara que julguei mal de saída, o Valdemar de Oliveira Neto (o Maneto, vice-presidente da Ashoka no Brasil). Cheguei lá e vi o cara com sapato de couro alemão, com camisa por dentro da calça, bebendo uísque. Fiquei chocado. Pensei que ele era o maior burguês e que não teria condições de me avaliar no social. Ele perguntou: "Você bebe?" Falei que não. Comecei a questioná-lo e... Moral da história: fui babaca por ter questionado muito o porquê de ele estar me avaliando. Quase falei: "Você é um burguês. Como vai me analisar?" Ele teve muita paciência, e acho que gostou da minha provocação. Passei e fui o primeiro caso, na história da Ashoka, a ter bolsa de cinco anos. Mas chegou o quinto ano e me cortaram a bolsa. A Cindy não estava mais lá. A Ashoka foi importante na minha vida? Foi, mas... Vou dar um exemplo: tenho um currículo belíssimo. Praticamente ganhei todos os prêmios dos quais participei no Brasil e no exterior, mas você não vai ver nada disso no meu currículo porque não boto. Só boto que sou o fundador e o coordenador executivo do AfroReggae, o apresentador do *Conexões Urbanas* e talvez um negocinho ou outro. Sou diretor da Fiesp atualmente. Quase ninguém sabe disso. Faço parte de uma porrada de coisas que as pessoas não imaginam. Às vezes empresto o meu nome; já fui presidente de ONG não sei de onde. Passei, mas peguei o pior momento da Ashoka. Antigamente, o cara ganhava uma bolsa e era maravilhoso. Peguei o Plano Real: era um real para um dólar, mas foi importante e ajudou.

Voltou a investir no movimento cultural. O Centro Cultural do AfroReggae em Vigário Geral foi aberto em 29 de julho de 1997:

— Pensei em fazer um novo batizado, com Betinho, e com Fernanda Abreu e Gabriel O Pensador como padrinhos. Aproveitei a repercussão positiva que isso gerou, e o barraco teve que virar um centro cultural. Procurei a embaixada britânica, que tinha um fundo, e a do Canadá. Escrevemos um projeto de obra. Construímos o primeiro centro cultural do AfroReggae, que era Centro Cultural AfroReggae Vigário Legal. O "legal" era por causa do *Programa Legal* e do *Brasil Legal*. Tinha também o *Brasil Total*, da Regina Casé e do Hermano Vianna. Fizemos o centro, e foi incrível. Depois fizemos a inauguração num campo de futebol com show do Cidade Negra e do O Rappa. O Cidade Negra estava no auge na época.

Antes da inauguração, houve a primeira morte do AfroReggae, no dia 21 de abril. O Bigu, aquele que foi achado com um tiro na cabeça, não se sabe em que circunstância.

— Tem até hoje essas maluquices. A gente tinha uma atenção especial porque sabia que o Bigu podia voltar para o tráfico. Essa morte marcou muito. Durante dez anos, todo dia 21 de abril eu ordenava que algum grupo de percussão saísse do Centro Cultural e fosse tocar pela rua. Depois criamos um curso de percussão, com turma Bigu. Tivemos uma turma Chico Science, uma das maiores referências musicais dos anos 1990. Chico foi o alquimista das misturas de rock, ritmos regionais (maracatu), funk e rap, e também tinha acabado de morrer.

Com a evolução do centro cultural, o trabalho de cooptação dos jovens do crime começa a acontecer natural e acidentalmente:

— O Edson Vicente, popularmente conhecido como Dinho, é um caso fenomenal no AfroReggae. Ele estava andando com a Josélia, que hoje é esposa dele. É um cara sedutor, negro com traços finos e com as coxas estilo do Roberto Carlos (ex-jogador da Seleção). É aquele negro com a pele avermelhada. Numa sexta-feira, sem a menor intimidade com ele, chamei para vir ensaiar com a gente. Nunca aconteceu isso. O cara, quando entra, tem que fazer alguma oficina, não podia ir direto ensaiar na banda. Ele disse que não sabia tocar e respondi que era tranquilo. Ele falou que não queria e que tinha um compromisso muito importante. Insisti muito, como nunca havia feito com ninguém. Não sei por quê. Não tive um motivo concreto para insistir. Deus me tocou ali. Ele foi embora, mas logo depois voltou e entrou no ensaio. Eu nunca havia promovido ninguém direto para a banda. Até hoje não pode. Tem regra. À noite, a gente, ainda no ensaio, ouviu gritos na rua de meninas chorando. Corremos para a janela para ver o que estava acontecendo. A notícia era que dois jovens da favela tinham ido assaltar e acabaram morrendo. O Dinho ficou muito nervoso. Fui reconhecer os corpos. Os meninos não eram do AfroReggae, mas um irmão era. Eles foram assaltar uma loja de móveis, a polícia viu a movimentação na hora e mandou bala. Só sete meses depois, em maio de 1998, prestes a viajar para a Copa, o Dinho, já superíntimo, na minha casa, vira para mim e fala que o tal compromisso que tinha no dia do ensaio era aquele assalto. Disse que se eu não o tivesse convidado ele estaria morto. Ele queria ter ido, mas os caras viram que ele estava dividido entre assaltar e aceitar o meu convite e mandaram ele ir para o AfroReggae, que era importante. Ainda falaram para ele ficar tranquilo porque garantiriam a parte dele.

A banda finalmente se organiza. O primeiro espetáculo para valer foi nos Arcos da Lapa, no Centro, seguido de outro no Parque dos Patins, na Lagoa:

— Houve o projeto chamado Conexões Urbanas, que depois se chamou Usina Musical. O Conexões, que agora é um programa de televisão, começou como um projeto do Comunidade Solidária, depois virou um circuito de shows em favelas e agora está na TV. A gente trouxe grafite, guitarra, baixo, bateria... Foi uma grande revolução no AfroReggae. Começou a ter mais de um cantor. Naquela época, nenhum projeto social tinha esses instrumentos na favela. O ano de 1999 foi muito bacana. Nesse ano, a Regina Casé, o Caetano, o Hermano Vianna e o Waly levaram o Pedro Almodóvar a Vigário, e a gente começou a receber uma galera mais top da cultura. O centro cultural reposicionou o Afro-Reggae e a favela. Ter um espaço é muito importante. As coisas foram acontecendo, e cada vez mais a gente percebia que o dinheiro da cooperação internacional estava diminuindo. Antigamente as ONGs só viviam de dinheiro internacional, especialmente da Europa, dos Estados Unidos e do Canadá. Cada vez mais a gente estava migrando para parcerias com o governo e com a prefeitura. Quando o Luiz Paulo Conde perdeu a eleição, a gente achou que não ia ter o apoio da prefeitura na gestão do César Maia. Mas o destino nos trouxe uma pessoa incrível: Ana Maria Maia, irmã dele. Com ela também foi amor à primeira vista. Ela era da assessoria especial de eventos. Quando entrei na sala dela, dei de cara com um quadro do AfroReggae. Eu tinha mandado um cartaz para ela, que fez uma moldura, sem me conhecer. O Artur da Távola (falecido jornalista e parlamentar) até apoiou, quando foi secretário das Culturas, mas a minha relação era com ela. Quando ela me viu na primeira conversa, falou: "Está aí o homem da minha vida." Até olhei para trás. Pensei que não podia ser eu, porque nunca a tinha visto. Ela já vislumbrava uma parceria comigo. Sempre dou muita sorte com pessoas visionárias. Tudo que propus, que era o circuito de show do Conexões Urbanas, ela topou.

Até então, os eventos culturais públicos eram na Zona Sul ou, no máximo, no Centro. O Conexões Urbanas mudou o eixo:

— Minha proposta era fazer um circuito de shows nas favelas com a mesma estrutura de um show na Zona Sul, em que o artista não ia cobrar cachê. Tinha uma ajuda de custo. Isso começou em 2001. Teve show dos Titãs no Complexo do Alemão. No mesmo ano fizemos Caetano Veloso na Vila Cruzeiro, um dos mais históricos. Depois fizemos na Vila Vintém. Lá tem uma questão que marcou muito a nossa vida: passamos a fazer shows em áreas dominadas pelas facções Amigos dos Amigos, Terceiro Comando e as milícias. Enfim, fora da área do Comando Vermelho. Até então a gente era rotulado, erradamente, como um grupo ligado ao Comando Vermelho.

Junior sempre destaca que o grande diferencial que permite ao AfroReggae transitar por todas as comunidades controladas por traficantes é a independência do grupo. E explica:

— São três comandos: CV, TCP e ADA, fora as milícias. Trafego bem e já fiz shows até em área de milícias. A imprensa trata errado as milícias. Ela fala milícia em vez de milícias. Não é uma só. São grupos separados mais numerosos quantitativamente do que as facções do narcotráfico. Brigam mais entre si do que com o tráfico. No passado, guerreavam com o tráfico. Os autores da maioria das mortes de milicianos são outros milicianos. Tem uma galera de Campo Grande, outra de Jacarepaguá e, descobri recentemente, de Campos, onde ela mais cresce. Acho que o futuro vai ser igual ao da Colômbia. Lá, os paramilitares foram criados para combater os guerrilheiros e os narcos, mas hoje são eles que controlam parte do narcotráfico. Aquela milícia de Rio das Pedras, dos anos 1980 e 1990, não existe mais. Tinha certo glamour ali. Nesses anos todos, a maior parte dos presos é do Comando Vermelho, mas porque tem mais gente mesmo. A maioria das UPPs está em áreas do CV. Ainda é a maior facção, cada vez menos empoderada.

Concorda que a instalação das UPPs diminuiu significativamente a violência. Afetou, mas não acabou com o tráfico organizado. E que é um modelo que está afundando:

— Assim que começou, perguntei ao Polegar (Alexander Mendes da Silva, ex-chefe do tráfico na Mangueira) se a UPP havia enfraquecido o negócio. Ele respondeu que sim. Não quebrou, mas prejudicou bastante. Atingiu até o armamento. Chegou a ter duzentos fuzis, mas depois caiu para três. A segunda maior organização é Amigos dos Amigos e a terceira, o Terceiro Comando. Cada uma tem estilo diferente. O Comando Vermelho tem estrutura hierarquizada, mais militar. ADA tem um olhar mais de negócio, assim como o Terceiro Comando. Na origem, Amigos dos Amigos eram policiais com traficantes. Foi um racha no Comando Vermelho, quando o Uê (Ernaldo Pinto de Medeiros, já morto) deu um bote e matou o Orlando Jogador (Orlando da Conceição). Foi uma grande confusão. Uê, Celsinho e outras pessoas saíram do CV e fundaram o ADA. Mas, tem muita lenda.

No meio dessa guerra toda, fazer um show em área fora do Comando Vermelho mudou a história do AfroReggae:

— Teve um peso importantíssimo. Um pouco antes, recebi um telefonema do presídio Bangu 3, de um tio de um integrante do AfroReggae, falando que o Celsinho ia matar a gente. A maior confusão. Eu nunca tinha falado ao telefone com um presidiário. Foi um dos shows mais importantes da história do AfroReggae. Diziam que a qualquer momento a gente ia tomar tiro, morrer, coisa e tal. O campo estava lotado e nada aconteceu. O Celsinho estava solto, mas não estive com ele. Ele sabia do terror que outros bandidos estavam botando na gente.

Quem pulou no miolo para resolver o problema dentro do Comando Vermelho foi o Elias Maluco: "Os meninos do AfroReggae tocam onde quiser. A gente tem facção; eles, não." Soube que depois o Celsinho mandou fazer um cinturão de proteção para a gente ficar tranquilo. A galera estava com medo. Para ter uma noção, coloquei a turma para dormir fora de suas casas no dia anterior ao show. Aquilo foi uma grande quebra de paradigma e mudou a história. Conheci o Celsinho em 2009, em Bangu 1. Passei a gostar dele por causa disso. Tenho como amigo. Quando o conheci, disse a ele que queria lhe agradecer por ter ajudado a mudar a minha vida e a minha história. Ter feito show na Vila Vintém, que era o QG de uma facção rival ao Comando Vermelho, me reposicionou e mostrou que o AfroReggae não tinha bandeira. Ter entrado em Parada de Lucas e montado um núcleo mudou a história também. A gente tinha essa obrigação.

Esse episódio consolida a amizade com Elias Maluco, um relacionamento que destaca sempre:

— O Elias mandou recado que queria me conhecer. Fui lá e encontrei uma pessoa que poderia ter sido qualquer coisa, mas optou ou foi levado para a criminalidade. Tem uma história de vida ligada a escola de samba, cultura, quadrilha, festa junina... Eu e Elias conversávamos muito, mas ele nunca falou em crime. Falou dos filhos, e passamos a ter uma boa relação. Eu conversava muito com ele, que me ouvia muito. Já houve situação de eu chegar, ver crianças usando drogas e reclamar. Ele me respeitava muito. Existia o fenômeno dos bondes, em

2002, que chocavam a polícia. Não eram só do Comando Vermelho. Cheguei a negociar com ele para evitar confronto nos bondes. Não dei nada em troca. Não tinha aquela coisa: "Para com isso que vou te dar aquilo." Eu fazia a cabeça dos caras, como faço de muitos até hoje. Essa coisa do show, de alguma maneira, possibilitava a paz, porque as guerras paravam para ter o show. Não tinha venda de drogas no pedaço do evento. O Conexões levou grandes nomes, como Caetano, Gil, O Rappa, Zezé di Camargo e Luciano, entre tantos.

Quando o AfroReggae completou dez anos, ganhou um destaque consagrador na mídia. Estava plantada a semente para o investimento futuro na produção audiovisual. O marco foi uma campanha publicitária televisiva feita pela produtora Conspiração e pela agência Artplan, criada pelo Roberto Vilhena, com direção de Andrucha Waddington e de Carol Jabor. O filme mostra o que pareciam ser jovens favelados descendo o morro, cercado de policiais, como se estivessem sendo presos. No fim é que se percebe que eram artistas escoltados em direção a um show:

— Foi uma campanha incrível, com veiculação equivalente a dez milhões de reais em mídia. Passou no Acre, no Rio Grande do Sul, em São Paulo e no Rio de Janeiro, em horário nobre, durante o *Jornal Nacional*. Esse meu lado visionário me fez aprender a fazer isso virar dinheiro na terceira campanha. Percebi que essas parcerias com a mídia poderiam render patrocínios e autonomia financeira para o AfroReggae. Por isso repito que o AfroReggae cresceu graças à imprensa, principalmente à Globo. O maior parceiro da história do AfroReggae foi a imprensa, principalmente a Globo. Nosso primeiro grande projeto com TV foi no *Criança Esperança*, que não botava ONG no palco. Quando botava, era para fazer o coitadinho. O AfroReggae talvez tenha sido o primeiro grupo com força e visibilidade. Sempre teve uma ONG ou outra em projetos sociais, mas, com essa repercussão, o AfroReggae foi o primeiro. O show no Ibirapuera foi incrível. Você participar naquela época era ser reconhecido na rua no dia seguinte, a semana inteira e, talvez, no mês inteiro. "Te vi na chamada do *Criança Esperança*." O AfroReggae viveu isso. Teve uma cena da grade, puta que pariu, depois tinha o Caetano puxando máscara... Isso foi histórico. Nessa época, o diretor era o Aloysio Legey. Ele era um dinossauro da TV e foi bastante generoso conosco. Quem fazia a interlocução era a Emilia Silveira e o Beto (Luis Roberto Pires Ferreira, da então CGCOM). Diziam que o Legey era uma pessoa difícil. Comigo ele sempre foi superdoce. O que ficou sempre claro era que ele é quem mandava e decidia. A partir daí, se você fosse disciplinado, a coisa fluía fácil. Legey tinha uma técnica que não chegava a ser um esporro, mas era chamar a atenção falando o mais baixo possível, tão baixo que a pessoa tinha que se esforçar pra ouvir. Ele falando dessa técnica era megaengraçado.

Outro grande impulso no projeto:

— A gente ganhou um prêmio da Unesco. O Jorge Werthein (era o representante da Unesco no Brasil), um dos caras mais incríveis que conheci, argentino de uma sagacidade que nunca vi na vida. Um gentleman,

lord! A Marlova (Jovchelovitch Noleto, diretora da área programática da Unesco) também, que é uma pessoa que adoro e a quem devo muito. Dessa eu sou fã e sempre estou junto em todos os momentos. Entre os ganhadores estavam o então ministro da Saúde, José Serra, o Paulo Novis e o Agostinho Vieira, do Sistema Globo de Rádio, por causa da CBN. Nos aproximamos e convidei todos para conhecerem o trabalho do AfroReggae. Eles aceitaram e, depois que foram a Vigário e na fronteira com Parada de Lucas, ficaram bastante impressionados. Estabelecemos uma super-parceria pela Rádio 98 FM. Quando eles foram para o Infoglobo, também fecharam uma parceria com a gente. Ambos tiveram um papel superimportante na nossa história. Nesse meio-tempo também conheci a Margarida Ramos, que morreu há pouco tempo, era a responsável pela área social das Organizações Globo, e tive a oportunidade de expressar algumas das minhas opiniões. Disse que em *O Globo* não tínhamos espaço, que quebramos a barreira do Sistema Globo de Rádio e da TV Globo. Grupos negros, das favelas, subúrbios não tinham destaque no Segundo Caderno de *O Globo*. Falei da relevância do nosso trabalho e da comemoração dos dez anos de existência, que poderia ter uma matéria falando da nossa trajetória. Um dia estava em um evento da Firjan conversando com a Margarida e, de repente, ela me deixou praticamente falando sozinho e foi na direção de um cara, vestindo um terno verde-
-oliva. Ela me chamou e falou: "Zé, conhece o Junior?" Ele disse que não. Ela me perguntou o mesmo e fiquei sem saber que porra de Zé era ele. Aí, ela: "José Junior,

esse é José Roberto Marinho (acionista, vice-presidente das Organizações Globo, com foco na área social). Fala para ele o que me falou do jornal *O Globo*." Eu cheguei a falar para ela que *O Globo* era preconceituoso. Aí, eu falei: "Não, Margarida, que isso..." Ela: "Fala!" Ele me perguntou se eu não gostava de *O Globo*. Respondi que gostava, mas não entendia por que não dava matérias de grupos que trabalham com cultura negra e que tinha um certo preconceito. Falei com certo jeito, mas não me omiti sobre o que pensava sobre o jornal. Ele disse que tinha ficado chateado, outro dia, ao ler a crítica do bonequinho sobre o filme *Lúcia e o sexo*, dizendo que era pornográfico e sonolento, e ele tinha achado incrível. O dono do jornal falou isso. Falei que o AfroReggae tinha dez anos e que merecia ter uma matéria no caderno de cultura. Comecei a falar uma porrada de coisas: que o Caetano e a Regina estavam com a gente, sobre o Conexões Urbanas. Uns três dias depois chegou um e- -mail dele dizendo que ia marcar um encontro meu com o Artur Xexéo, então editor do Segundo Caderno. Só que eu não queria encontrá-lo para não ter que repetir o que disse ao José Roberto. Depois de um mês ele me deu o telefone do Xexéo para eu ligar. Não liguei. Passaram uns dias e ele me cobrou. Até que liguei e fui em *O Globo*. Chegando lá, em vez de o Xexéo me levar para uma sala, me levou para o meio da redação, com todo mundo vendo. Perguntou se estava tudo bem e eu disse que sim. Ele ficou me olhando e eu, para ele. Ele perguntou se eu tinha algo pra falar pra ele. O tom não era dos melhores. Eu respondi que não, que nem sabia por que estava ali, que só fui porque mandaram. Então, ele perguntou quem mandou, e respondi que ele sabia quem tinha mandado, mas que não queria me receber e eu também não queria estar ali. Contei que tinha falado para o Zé que o Segundo Caderno não dava espaço para os negros e que achava preconceituoso. Ele respondeu que, levando em consideração a questão dos negros, o jornal realmente não dava espaço. Ele falou uma certa verdade em tom de ironia. Mencionou que o jazz é negro e que aparecia bastante, mas respondi que boa parte das pessoas do Brasil não ouvia jazz. E, se fosse falar da população negra, menos ainda. Nada contra o gênero, mas não fazia parte da nossa realidade. Eu não me intimidei de estar no meio da redação e fiquei muito feliz de ter conhecido o Xexéo, mesmo que daquela maneira. Depois o Mauro Ventura (repórter da área de Cultura, coincidentemente filho de Zuenir Ventura) me ligou dizendo que queria fazer uma matéria de capa sobre o AfroReggae. Ficou incrível. A capa do Segundo Caderno foi "Comando AfroReggae", fazendo uma ligação de facção com cultura. O Mauro foi foda. Desde então somos abraçados por todas as áreas das Organizações Globo, e é um privilégio essa relação. Nunca me senti usado. Não pensem que tudo é um mar de rosas. Eles nos questionam quando têm que questionar e nós a eles. E assim vivemos essa relação de altos e baixos.

E o investimento passou a ser na sustentabilidade:

— Em 2006, vendo os treinos da Seleção Brasileira na Suíça para a Copa da Alemanha, notei várias marcas de empresas nas camisas dos jogadores. Telefonei para o Beto Ferreira e perguntei como funcionava, forma de pagamento etc. O Beto me deu uma aula de como era vendido, cotas, retorno de marca. Tive a ideia de buscar maior estabilidade financeira conseguindo patrocinadores fixos. Dividi o AfroReggae em cotas. Liguei para o meu contador e perguntei quanto custava o nosso orçamento. Ele calculou que custava dois milhões e pouco. Perguntei se a maioria tinha carteira assinada e ele disse que não. Indaguei como ficaria se eu assinasse a carteira de todo mundo. Ele calculou quatro ou cinco milhões. Dividi o AfroReggae em quatro cotas e bati em cinco portas pedindo um milhão e meio de reais. Fechei cinco cotas, mas tinha dado minha palavra que só ia deixar quatro empresas. As empresas que toparam foram Petrobras, Natura, Vale, Banco Real e mais uma outra que prefiro não falar o nome. Só que eu tinha que escolher. Não levei nenhum projeto. Foi apenas a minha fala para empresas de São Paulo que conheciam mais ou menos o AfroReggae. Peguei as campanhas da TV Globo, peguei tudo que saiu na mídia impressa, meu projeto era mostrar o clipping e sair falando. Fui para a área de marketing. Nunca procurei responsabilidade social ou institutos. Marketing quer visibilidade e eu sei trabalhar com isso.

Curiosamente, é com a aceitação entusiasmada do chamado sistema que começam os seus problemas com a polícia:

— Foi o incidente com o integrante do AfroReggae, também de O Rappa, Negueba. O Paulo Negueba tomou um tiro de fuzil no pé. Estava indo fazer show quando o caveirão, na época chamado de morcegão, entrou em Vigário e começou um tiroteio. Ele deu azar porque um tiro rebateu e acertou o pé dele, que ficou estraçalhado. Aí, foi a primeira grande crise na área de segurança do governo da Benedita da Silva e daquele comandante da PM negro, Francisco Brás, que tinha um diferencial porque falava japonês. Teve uma repercussão do caralho, o Pedro Bial foi entrevistar o Negueba para o *Fantástico*. O José Serra, que era candidato na época, também foi lá, o comandante do Bope foi exonerado e rolou uma confusão. A polícia passou a odiar ainda mais o AfroReggae por causa dessa história.

Em 1998, começou a atuação na área da saúde, com a criação da Barraca da Saúde, que informava sobre DSTs e distribuía preservativos. O AfroReggae integrou em 1996 o primeiro grupo de trabalho do Ministério da Saúde para formular a Política Nacional de Prevenção Popular das DSTs e Aids no Brasil.

O Centro Cultural Waly Salomão, em Vigário Geral, foi inaugurado em julho de 1997.

Em 2000, foi a primeira edição do Prêmio Orilaxé, para homenagear pessoas dedicadas à cultura e a causas populares, e o surgimento do Criança Legal, projeto de iniciação pedagógica e cultural para crianças entre 5 e 7 anos com uma base de escrita e leitura, aulas de dança, capoeira e percussão.

Em 2001, o AfroReggae abriu a terceira edição do Rock in Rio, ao lado da Orquestra Sinfônica Brasileira, no palco principal, e o circuito de shows gratuitos Conexões Urbanas chegou ao Morro da Formiga (Tijuca), com apresentações de Fernanda Abreu e MV Bill. Mas o especial neste circuito foi a apresentação com Gilberto Gil na favela da Maré, em 2002:

— Com show Gil na Vila dos Pinheiros conseguimos parar a guerra entre as facções. Tinha um dirigível da Secretaria de Segurança Pública voando e gravando. Muitos rivais que eram proibidos de entrar lá foram. Teve um papel muito importante, porque o evento foi base para a gente mediar a guerra. Isso me aproximou muito da Flora e do Gil. Eles ficaram impressionados. Foi um grande sucesso, conseguimos parar a guerra. Já interrompemos várias com shows, mas esse do Gil teve um papel muito importante.

No mesmo período a banda AfroReggae lançou o CD *Nova cara*, na sede da gravadora Universal. David Byrne, líder da banda britânica Talking Heads, visitou o Centro Cultural Vigário Legal. E, na comemoração do aniversário, houve apresentações, premiações e debates no Teatro João Caetano, nos Arcos da Lapa e no Sesc Tijuca. Em 2003, lançaram o livro *Da favela para o mundo*, sobre a trajetória do grupo. O AfroReggae recebeu a Ordem do Mérito Cultural, pelas mãos do então presidente Luiz Inácio Lula da Silva e do então ministro da Cultura, Gilberto Gil. No mesmo ano foi criado o AfroReggae Produções Artísticas Ltda. (Arpa). Em 2004, uma crítica do *The New York Times* exaltou a performance do grupo na Mostra Caetano, no Carneggie Hall, em Nova York. E a comemoração dos doze anos do grupo foi com shows de Gilberto Gil no Canecão, em 2005. No mesmo ano lançaram o álbum *Nenhum motivo explica a guerra*, pela Warner Music Brasil.

— Em 2006 também teve a turnê Nenhum Motivo Explica a Guerra, que foi importantíssima, em que o AfroReggae foi a várias capitais do Brasil, fazendo shows, palestras, workshops e levando a mediação de conflito para várias cidades. Foi quando tivemos a percepção de montar a aproximação com o setor corporativo, que era uma coisa que não tínhamos. A Natura passou a apoiar a gente por causa da turnê — a Marisa Monte foi muito importante para construirmos esta relação —, e veio o patrocínio para a gente ajudar a empresa a montar uma operação comercial dentro das favelas. Foi uma ideia nossa inclusive. Ela tinha certo receio. Começamos a ajudar as marcas a montar relações comerciais. Em 2007 aconteceu uma coisa interessante, que foi a consolidação da relação com o mundo corporativo e a preparação para a gente cada vez mais entender esse universo. O André, filho do Paulo Skaf, presidente da Fiesp, abriu São Paulo para nós. O poder está em São Paulo. Não tem como você ter patrocínio ou relação com o mundo corporativo se não passar por São Paulo.

Em 2006, a banda AfroReggae abriu o show dos Rolling Stones, na praia de Copacabana, e lançou o DVD *Nenhum motivo explica a guerra* no Circo Voador. Na ocasião, foi exibido o documentário dirigido por Cacá Diegues e Rafael Dragaud, com depoimentos sobre a história do AfroReggae. O ano também foi marcado pela criação do projeto Acorda Lucas, que deu origem à Orquestra AfroReggae. Em 2011, a banda fez o último show como AfroReggae e trocou o nome para AR21. A apresentação foi no Theatro Municipal do Rio, após o discurso de Barack Obama.

— Ninguém teve contato com ele. Foi uma coisa muito legal quando ele viu o camarote só nosso, do lado do palco. Quando olhou e viu um montão de preto em um teatro só com branco. Tem uma foto incrível. Ele aponta, ri e faz vários sinais para gente. Nós tocamos no palco do Municipal. O evento seria na Cinelândia, mas não aconteceu porque foi no dia que ele autorizou bombardear a Líbia, ou foi no dia anterior, alguma coisa assim. Tinha muita gente na rua, muito tanque de guerra. Então, o consulado americano mandou fazer no Theatro Municipal. Ter tocado nessa cerimônia foi muito importante para o currículo. Fiquei bem feliz de estar ali naquele momento, e mais ainda quando ele entrou no palco e deu um tchau para todo mundo. Quando ele viu a molecada do AfroReggae, de Vigário, da banda, ele se identificou de uma maneira muito real.

Na tentativa de formar uma poderosa rede, participou da articulação da aliança entre as entidades mais representativas de favelas do Rio, que, juntas, teriam uma abrangência territorial enorme. No início do governo Cabral, Luis Erlanger apresentou ao recém-eleito Junior, Celso Athayde (Cufa), Guti Fraga (Nós do Morro) e Jailson de Souza e Silva (Observatório das Favelas). Sérgio Cabral não conhecia nenhum deles, e viu na hora que eram interlocutores importantes. Os projetos com apoio do governo começaram a surgir a partir deste encontro, num almoço no Palácio Laranjeiras. E os grupos criaram uma entidade maior, a F4 (Favela 4). O foco dessa ação conjunta eram os presídios, local que reúne um tipo de "formadores de opinião" concentrados e ainda com muita força nas comunidades. O projeto não foi um sucesso por questões de segurança e mesmo desconfiança da Secretaria Estadual de Administração Penitenciária (Seap). Junior admite que não se engajou pessoalmente neste projeto entre os presidiários (preferia se dedicar aos próprios do AfroReggae) e até enfrentou problema:

— Estou falando do Complexo Penitenciário de Gericinó, em Bangu. Se aqui a temperatura está 40º, lá está 50º. A coisa não fluiu. Um dia, aconteceu uma coisa muito ruim e ao mesmo tempo boa: fui barrado na entrada de Bangu. As pessoas não sabem disso, mas, quando você entra no complexo penitenciário, encontra uma barreira. Para você acessar um presídio, tem que passar por ela. Se você passar, não quer dizer que vai entrar em algum presídio. Pode ser que você vá à administração. Gericinó é uma cidade. São quarenta e poucas mil pessoas por dia transitando ali. Não consegui nem passar da barreira. Todo mundo passava, mas o cara me barrou, alegou que eu não estava autorizado. Hoje eu sinto amor pelo cara que mandou me barrar. Márcio Rocha, que coordenava a segurança de Gericinó.

Tudo na área de segurança de Bangu passava por ele. Ele era o número um. Ele que mandava em todos os diretores dos mais de vinte presídios dentro do complexo. É o cara mais temido de Bangu. É odiado pelos presos porque pega pesado. Hoje ele é meu irmão, mas, na época, fiquei puto. Todo mundo achou que eu ligaria para o governador. O mundo dá voltas e, passou um tempo, as presas pediram que, no concurso Garota Talavera Bruce, eu fosse como jurado. Eu fui. Cada jurado tinha na mesa o seu nome e quando eu olhei pro meu lado esquerdo na plaqueta estava Márcio Rocha. Perguntei: "Tu que é o Rocha, meu irmão?" Ele deu um sorriso inocente dizendo que era. Me apresentei e perguntei por que ele me barrou. Questionei, mas entendi a razão dele, por mais que eu não concordasse. Essa marca de ser ligado a bandido me persegue até hoje.

Mas foi a dificuldade de gestão que acabou minando com o F4:

— Não tinha gestão própria. Para evoluir, a gente teria que se afastar das nossas próprias instituições para assumir. Não dava. A coisa foi indo, mas acabou não se concretizando. Teve problema para caramba de gestão. Tem coisas que acontecem na vida da gente que só ficam no imaginário. Essa história tinha tudo para ser uma parada revolucionária, mas não foi.

Com o AfroReggae abrindo tantas frentes e crescendo de forma desordenada, Junior viu que a sustentabilidade do projeto corria risco a médio prazo e resolveu agir seguindo as boas normas do mercado, com uma clássica reengenharia. Para que o processo fosse feito com o maior profissionalismo, abdicou do poder absoluto e convidou Marcelo Garcia para ser o CEO. Assistente social de origem, Garcia é um consagrado gestor público e colaborador de uma extensa lista de políticos do primeiro time, de Fernando Henrique Cardoso a César Maia. Reassumiu o comando direto e a palavra de ordem agora é que só sejam mantidos os programas que se sustentem, com Danilo Costa como adjunto. A equipe social toda foi demitida. Amigos seus foram no bolo:

— Teve gente que eu fui contra. Isso é autonomia. Houve época em que era paternalista, mas não sou mais. Esse cara mudou muito a minha cabeça no que diz respeito à gestão. Hoje, para muitas coisas, ele manda mais do que eu. Alguma coisa que nunca imaginei acontecer no AfroReggae era alguém mandar mais do que eu. É óbvio que ele manda porque eu deixo. A gente não bate de frente, mas eu discordo de algumas coisas. Porém, nunca mudei nada em uma decisão tomada por ele.

Mesmo abrindo mão do poder absoluto, sua visão de liderança é a do pulso forte:

— Aprendi uma coisa como líder: o verdadeiro líder ouve todo mundo, mas a decisão muitas vezes é exclusivamente dele. Se tivesse ouvido todo mundo que me aconselhou, não teria nem entrado em Vigário Geral. Nem a minha mãe foi a favor. Depois me disseram para não entrar em Parada de Lucas porque era inimiga de Vigário Geral. Entrei. Falaram para nunca trabalhar com a polícia, mas trabalhei. Tem aquela história de "o povo tem sempre razão". Eu questiono bastante essa verdade, que pra mim parecia ser quase que absoluta, mas, na maioria dos casos, o povo não tem razão. Na maioria das vezes é burra. Basta ver alguns políticos eleitos democraticamente. Como líder, eu tenho que ouvir, mas a decisão final é minha. Disso eu não abro mão. Nem que eu delegue. Se der certo, dou parabéns, mas vou cobrar se der errado. Hoje as coisas mudaram bastante.

A verdade é que mesmo com todo seu talento e capacidade de articulação, o AfroReggae começou a sentir na carne a galopante crise econômica. Só que o tempo fechou bem antes das suas piores expectativas. Em período de vacas magras e caminhando céleres para o brejo, a primeira coisa que as empresas cortam é patrocínio.

Não deu outra: os antigos e leais patrocinadores continuaram, mas diminuíram a participação. A Petrobras, que cortou geral, cancelou tudo, um repasse de quase 5 milhões de reais:

— Se para uma empresa privada esse valor é alto, imagina para uma ONG...

O AfroReggae perdeu nada menos do que 65% da receita. Além de aumentar as demissões, ficou sem recurso para pagar salários a curto prazo:

— Já disse que desde os 16 anos estou preparado para morrer. A morte é uma coisa que acabou. A questão toda é que se trata de vidas de quem depende da gente. A onda de ataques ao AfroReggae foi um sofrimento que consegui superar pessoalmente com uma certa habilidade. Mas, porra, de repente, eu me vejo sem saber se ia ter dinheiro para pagar a conta de água. Com toda a violência que já enfrentamos, acho que foi o pior momento da nossa história. Simplesmente corremos o risco de quebrar, de acabar. Eu sofri muito e até chorei muitas vezes pensando no que fazer. Bem ou mal, eu tenho para onde ir. Eu fiz o meu nome. Mas e o pessoal do AfroReggae? São umas trezentas pessoas, fora os projetos de inclusão social que iriam para o espaço. Uma angústia muito grande, porque o tempo foi passando e as respostas não vinham.

Sua visão empresarial conjuga planilha de Excel com mapa astral:

— Uma coisa que me deu uma certa tranquilidade foi que, como sempre faço, recorri ao meu astrólogo. Ele cravou que eu ia ser salvo pelo gongo, faltando poucos dias para o mês acabar. E foi o que aconteceu. A gente escapou nos quarenta e cinco minutos do segundo tempo. A cota de patrocínio do Santander para o ano que vem foi adiantada e a Odebrecht foi formidável, maravilhosa, e não só renovou o patrocínio para o próximo ano, como praticamente dobrou.

Odebrecht, logo agora no meio desse rolo todo?

— Ela está renovando o patrocínio. E tenho orgulho de ser patrocinado por ela. Juro para você. O legado social que eles têm é incrível.

Mesmo com o sufoco, não guarda rancor das empresas que fizeram cortes ou pularam fora do barco:

— Não foi que a empresa avisou um ano antes. Avisou na hora da renovação. Outros cortaram de vez. Não teve sacanagem de nenhuma empresa. Todas diminuíram os patrocínios. A Petrobras não precisa explicar nada. Está tudo aí. Ela está ferrada com esses escândalos todos. Não posso falar que alguma empresa foi filha da puta ou sacana.

Ficou um misto de decepção e revolta com algumas pessoas, incluindo a categoria "amigos":

> — Até porque elas se colocavam sempre numa posição de parceria e não foram corretas. E não é porque não deram dinheiro. Mas porque garantiram ajuda e, quando mais precisei, puxaram o tapete. Você pode ser milionário e falar para mim que não tem como ajudar. Não tem nenhum problema. Agora, você se comprometer e, na hora agá, não atender o telefone, não responder a e-mail? A vida é feita dessa forma. Aprendi com quem posso contar. Quando digo isso, falo de apoio moral, emocional, amizade, lealdade, amor, parceria...

Chegou a pensar em mudar suas impressões pessoais já manifestadas aqui sobre alguns desses seus antigos parceiros. Mas está se esforçando para entrar numa fase "Junior Paz&Amor":

> — Confiava porque sempre repetiam que podia contar com elas. Tomavam essa iniciativa. Na hora que mais precisamos, não só pularam fora, como não ajudaram em nada, e nem me responderam. A vida é isso, deixa para lá. Prefiro saudar quem me deu a mão.

Bom, quem pisou na bola e estiver lendo isso acima vai vestir a carapuça. Agora, como, muito aquém das estrelas do céu, recomendam os analistas de economia, toda crise é uma ameaça, mas também pode ser uma oportunidade. Uma frase de efeito otimista, neste caso, funcionou.

Com sua capacidade de articulação e credibilidade, em plena recessão, conseguiu, com impressionante rapidez, viabilizar a nova estrutura do AfroReggae Produções Artísticas Ltda. — o Arpa, que, agora, como uma produtora qualificada e competitiva, será uma relevante fonte de recursos para a sustentabilidade da ONG (sua sócia majoritária).

Com um plano de negócio bem amarrado, sem passar por filantropia, apareceram até mais investidores do que os necessários para levantar a lona. Só gente de peso no mercado.

Junior é a alma do negócio. Cuidará da área criativa do conteúdo. Dentro da lógica de uma operação comercial, o diretor executivo será Sérgio Sá Leitão, uma referência em gestão cultural pública e privada, especialmente na área do audiovisual.

As produções do Arpa têm grande demanda. A ousada proposta é elevá-lo ao nível das produtoras mais conceituadas e produtivas do país.

A mesma consultoria financeira transcendental veio com um parecer esotérico pós-venda: deveria fazer uma peregrinação aos Andes, um encontro com xamãs, para agradecer e se purificar para a nova fase.

Foi assim. Tão logo caiu o último centavo para fechar as contas, partiu para a maior cadeia de montanhas do mundo, com pontos que chegam a quase sete quilômetros de altura. Durante oito dias esteve em rituais de magia, no alto de picos, em lagos e na neve. Viu até arco-íris fechado em 360º. Não foi delírio.

O fenômeno existe e é conhecido como "cachorro do sol" — nome de origem indígena adotado pelos cientistas. Como um halo, um arco-íris se forma pelo encontro dos raios solares com diminutas partículas de gelo na atmosfera. É possível ver as sete cores ao redor do astro-rei.

> — Viajei porque fiz um pacto com dois xamãs sobre a crise no AfroReggae. Se saísse dela, e sempre acreditei nisso, iria participar deste chamamento. Fui iniciado no Lago do Titicaca, na Ilha do Sol.

O Titicaca tem 8300 km² e fica a 3821 metros acima do nível do mar, na fronteira entre Peru e Bolívia. Esta ilha fica no lado boliviano, ao qual se chega passando por uma cidade chamada Copacabana.

> — Foi tudo muito mágico, e olha que eu não tomo nada. Iniciação, reprogramação mental e batizado cósmico. Estava muito frio, a água extremamente gelada, não senti um pingo de frio. Fiz o ritual do fogo. Recebi o nome espiritual de Shiva Shankara. Os xamãs acham que incorporei um condor.

O reforço de caixa só apareceu recentemente. Antes disso a recessão atingiu até um dos projetos mais vitoriosos do grupo, o bloco de Carnaval AfroReggae:

> — O bloco surgiu com a seguinte missão: levar a favela para a Zona Sul. A gente não queria sair em Vigário ou no subúrbio, onde já atuávamos. A ideia

era pegar a galera do Cantagalo, Vigário, Complexo de Alemão, Vila Cruzeiro e juntar a elite do Carnaval, que é Ipanema. Então, foi assim que surgiu. Começou a ganhar certo volume. Nessa vibe, o bloco promoveu a maior mobilização contra a dengue do mundo. Teve um ano que colocamos um milhão de pessoas na praia de Ipanema. Para conseguir andar do posto 9 ao 10, um trecho que tem mais ou menos oitocentos metros, demorou cinco horas e meia. Foi um negócio de louco. Agora, nosso bloco tem investimento privado e se preocupa aonde vai sair. O patrocinador tem razão em exigir isso. No último Carnaval, ficou confuso. Uma hora a Riotur dizia que era a Rio Branco, outra, a Presidente Vargas, Avenida Antonio Carlos e, outra, a praia de Copacabana. A gente queria voltar para Ipanema. Não teve sacanagem da prefeitura, mas, com as obras para as Olimpíadas de 2016, essas mudanças aconteceram e, para captar recursos, ficou bem complicado. Porque realmente o público da Presidente Vargas não é o mesmo de Ipanema. Não que a gente quisesse ter passado por essa crise, mas tem um lado positivo, que te obriga a ter mais criatividade e sensibilidade. Com certeza o bloco vai voltar, mas, nesse momento, é preciso fazer escolhas ou é demissão em massa, que não quero. E não é o AfroReggae, é o Brasil. Acho que estão debatendo pouco os problemas sociais que a crise está gerando nas ONGs e nos programas governamentais.

Mesmo aumentando o modelo de delegação e sabendo que precisa pensar na sua sucessão, não é entusiasmado com o tema:

— Hoje, o AfroReggae tem quem toque, mas eu estou vivo e lá. Mesmo se eu estivesse de cama, é diferente de estar morto ou afastado. Não tem um cara que tocará 100%, tem várias pessoas. Uma época achava que era A, B, C e não era. Talvez eu tenha sido culpado por achar isso e queimado talentos. Não deveria ter falado isso para eles. Acho que isso acontece naturalmente. Há um preparo. Já fiquei oito meses fodido. Nesta fase o grupo captou menos porque eu não estava na ponta, mas a gestão foi muito eficiente. Acho que você pode formar quadros. Talvez Cuba tenha virado o que virou com a morte do Che. Se ele estivesse vivo hoje, quem sabe fosse motivo de chacota. Talvez só virou porque ele morreu e o Fidel soube aproveitar isso. O Che era muito mais radical que o Fidel. Na dúvida, ele mandava matar. A biografia dele diz isso. Não acho que vai acabar. Se tiver pessoas inteligentes, se eu morrer, vai ficar maior.

Na verdade, não se imagina fora do AfroReggae:

— Eu nunca vou sair. Sempre vou estar perto. Posso não estar dentro, mas vou estar acompanhando, não tem como. Acho que vou estar sempre de olho, mesmo que seja na minha folga. Repito: não tenho vontade de compor nenhum governo. Se fosse hoje, eu não iria!

O que mais mexe com ele, sem dúvida, são as sucessivas baixas. Tânia Cristina Moreira era um de suas especialistas em mediação de conflitos. O pai dela foi um dos fundadores da primeira facção criminosa montada no Brasil, na década de 70, organização que assimilou ensinamentos para se estruturar com presos políticos, a famosa Falange Vermelha, que originou o Comando Vermelho. Em 2011, aos 44 anos, foi sequestrada na sua casa, em Vigário Geral, e achada morta a tiros em Duque de Caxias, na Baixada Fluminense. Outro assassinato ligado ao grupo que agitou as mídias. É uma história nebulosa. Claro que nada justifica uma execução, mas não ficou claro o que provocou este assassinato. E, de novo, a violência, não apenas organizada, mas também gratuita, tem sido determinante. Trazendo sempre junto, de forma repetida, a perda pessoal. Na madrugada de domingo, 18 de outubro de 2009, Evandro João da Silva, de 42 anos, coordenador do grupo AfroReggae, foi assassinado durante uma tentativa de assalto no Centro do Rio. Tentativa, porque o inimaginável aconteceu na sequência. A câmera da agência bancária em frente registra as imagens da ação e depois a chegada de uma viatura da PM. Em vez de prenderem os assaltantes, estes foram liberados (e presos posteriormente). No lugar de prestarem socorro à vítima — agonizante com um disparo que acertou a artéria femoral, provocando intensa hemorragia —, os policiais ficaram com os objetos que seriam roubados. E abandonaram Evandro à própria sorte. As imagens parariam na televisão, os PMs acabariam presos, num clima de indignação da sociedade.

Este crime, envolvendo mais uma pessoa próxima, talvez seja o maior exemplo de como, além da própria vida pessoal cheia de turbulência, Junior é um catalisador de dramas:

— O Evandro estava estudando pedagogia, mas já era coordenador social do AfroReggae. Sempre participando das minhas articulações, dividindo sempre comigo o estresse na relação entre as favelas, ele acabou virando o melhor amigo da minha mulher, Alessandra. Ele tinha uma coisa de cuidar de mim. Não deixo as pessoas cuidarem de mim; para ele abria exceção. Tinha uma preocupação muito grande comigo. Olha que coisa: dias antes da morte dele, eu estava muito mal com a Alessandra, foi a nossa maior crise. Já tinha três filhos com ela e eu estava meio que me separando. Ele era o melhor amigo dela, mas, no princípio, ele apoiou a decisão e falou: "Chefe, se para você é melhor, segue teu caminho e eu ajudo a cuidar dela e das crianças." E eu estava nessa vibe mesmo. Até que tomei coragem e saí de casa. Ele morreu de sábado para domingo. Só que, na quinta, ele mudou de postura, chegou para mim e falou o seguinte: "Cara, não sai de casa agora." E eu disse: "Pô, tu é maluco?" Foi a última frase que troquei com ele. "Tu quer que eu volte agora que eu estou saindo?" No sábado de manhã caiu um helicóptero da polícia militar, atingido naquela confusão do Morro do São João com Morro dos Macacos.

Traficantes derrubaram um helicóptero que monitorava um protesto de moradores contra a ação da polícia. Teve que fazer um pouso forçado e explodiu ao tocar no chão, num campo da Vila Olímpica do Sampaio. Dos quatro policiais que estavam na aeronave, dois ficaram presos e morreram carbonizados; os outros dois sofreram ferimentos e foram hospitalizados.

— Quando derrubou, eu pensei: "Algo tem que ser feito em cima dessa tragédia." Eu queria colaborar, pelo papel de mediador mesmo. Aí pensei que ia dar uma merda do caralho e estava meio que preparado para isso, mas, não sei por que, entrei numa e desliguei meu telefone, coisa que não faço. Quando querem te achar você de fato é encontrado. Quando eu vi a quantidade absurda de ligações, achei que era o lance do helicóptero. Acabei ligando para um dos nossos integrantes que falou: "Parceiro, parece que o Evandro morreu." Eu reagi: "Parece?" Saí desesperado, mas já tinha passado um tempo, ninguém me achava. O Johayne me ligou para falar que o rabecão queria levar o corpo dele, mas queriam saber se eu queria ver antes. Eu estava meio alucinado, sem acreditar. Eu falei que não, e foi a melhor coisa que fiz. Cheguei ao local, vi muito sangue. Todo mundo chorando, um desespero enorme.

Foi a segunda vez que chorou durante as entrevistas. Desta vez, de forma ainda mais sentida e demorada. Levou algum tempo para retomar o fôlego.

É um chefe muito brincalhão. Mais para provocador. Vive zoando com as pessoas com quem trabalha. Faz piadas politicamente incorretas, e seus subordinados aparentemente adoram. Mas, no fundo, é um cara fechado, não curte intimidade. Evandro era uma exceção:

— A gente vivia brincando. Ele era gay, encostava em mim e eu dava mordida, chupão nele, coisa de veado. Eu não sou, mas brincava que um dia ia comer ele. E falava que no dia que eu morresse ele ia chorar que nem viúva, e quem chorou que nem viúva fui eu. Eu que chorei, e até hoje eu choro quando vejo fotos dele. Eu não deixo ter muito acesso à minha vida pessoal, e ele eu deixava. Sei colocar as pessoas no lugar sem falar, só com o olhar. Os meus filhos até hoje falam no Evandro. Ele era muito presente na vida da minha família. Eu não podia deixar a morte dele ser mais uma não resolvida, e foi uma coisa que traumatizou o AfroReggae inteiro. A minha família e eu ficamos muito mal. É um buraco que as pessoas falam que o tempo cura. Cara, com o tempo não passa, é mentira. Não tem um dia que eu não lembre dele. Talvez seja uma das minhas maiores perdas, o Tuchinha também. Achei que depois que eu fundei o AfroReggae não perderia mais ninguém e perdi do mesmo jeito. Sou muito refém de mim mesmo. Por isso que eu volto! Não dá para esquecer. No dia que eu esquecer, tenho que mudar, virar qualquer coisa menos o que eu faço durante todos esses anos. Eu vi o Evandro pela última vez numa academia de ginástica da Gávea. Estava malhando, e ele falou para mim: "Fica tranquilo." Do nada, foi um troço estranho. Eu já tinha visto o Evandro depois de morto algumas vezes. Visão mediúnica. Só tinha uma pessoa do meu lado, que era uma professora. Ela falou que também sentiu um negócio esquisito. Protejo os meus mesmo que eu me coloque em risco. Mataram meu amigo, uma pessoa que nunca fez nada para ninguém. Isso eu não entendo. Nessas horas converso com Deus: todo mundo morre e eu fico vivo. É como se eu tivesse feito algo muito errado nessa vida, não sei o que é. Não estou preparado para enterrar mais ninguém. É muito difícil você enterrar uma pessoa que você ama. Não conheço ninguém que enterrou mais gente que eu.

São poucas fotos que tenho na minha mesa. Uma delas é dele, e, quando eu vi aquele corpo, fiquei muito mal e fiz um juramento: "Evandro, eu vou me licenciar do AfroReggae e só vou voltar no dia que ajudar a polícia a pegar todo mundo." Até então não sabia de nada, como foi a morte e o que houve. Nós saímos de lá e conversei com o então chefe da Polícia Civil, Allan Turnowski. Na segunda-feira me chamaram porque já tinham localizado a imagem dos policiais roubando. A morte do Evandro mudou minha vida. Eu voltei para casa e nunca mais minha vida foi a mesma, porque foi a primeira vez que me senti com certa ameaça. O Turnowski me mandou tomar cuidado e passei a ter alguns problemas, a me sentir inseguro, ficar meio ansioso, mas o pior de tudo foi a perda do meu amigo. Não tem um dia em minha vida que eu não pense nele. O trabalho da polícia civil com o delegado Duarte e a P2 (serviço reservado da PM, que também atua como uma polícia da polícia) foi fundamental pra resolver esse caso em tempo recorde. Os assassinos foram presos. O lamentável dessa história é que o oficial presente que estava envolvido na falta de socorro e no roubo das roupas do Evandro foi promovido a major.

Reclama que a imprensa dá espaço desproporcional quando um jornalista é morto, mas acha que o alarde em torno da morte do amigo se justificou:

— O destaque maior que a imprensa deu foi por dois motivos. Primeiro, era mesmo um integrante do AfroReggae. Segundo, caralho, havia policiais roubando! Como ladrões roubando uma pessoa que tinha acabado de levar tiro. Se fosse só a morte do integrante, teria repercussão? Sim! Vamos botar um terço da repercussão. Roubaram, não prestaram socorro, o carro passou pelo corpo à distância de uns dois metros, porra, é óbvio que viram uma pessoa caída. Podia ser um mendigo, mas com uma poça de sangue? Então a repercussão também foi essa. O integrante do AfroReggae morreu, mas depois da morte teve o roubo dos policiais, as imagens mostram. Depois que vi as imagens do assassinato e do roubo, divulguei pela imprensa. Porra, um oficial da PM, cara, e tem uma coisa absurda: o cara não ser socorrido e ter o tênis e o casaco roubados. Um tênis do camelô, que não era nem de marca famosa e um casaco velho vermelho, que nunca apareceu. A polícia civil não aliviou nada, fez o trabalho dela como tem que ser feito. Se não fosse integrante do AfroReggae, talvez não tivesse a repercussão que teve. Ainda mais um integrante que só fazia o bem, que não era ex-traficante, era gay, super do bem. Tentaram, inclusive, manchar a honra dele porque era gay. Não a imprensa. E eu banquei: "Qual o problema?" Quase disseram que ele queria dar para o bandido. Eu sou imparcial com os outros e com os meus também. Não quero saber se é polícia ou bandido. Se alguém dos nossos estiver errado, eu sou o primeiro a querer que ele seja punido. E essa crise chegou ao comandante da PM. Muita gente fala para mim que não queria estar no meu lugar. Se tem um lugar que eu não queria estar é no do Beltrame. Um cara que só se fodeu, querendo fazer o bem. Eu acho mesmo que, com todos os equívocos, ele queria acertar e acertou de alguma maneira. O negócio não é um fracasso total. Tem piorado para caralho e cada dia piora mais, mas o cara tentou fazer o bem. Eu passei a entender e ter mais tolerância para umas coisas que eu não tinha. São coisas que também com a idade você começa a entender. O Beltrame desconfiava de mim. Tem que desconfiar mesmo. O que eu estou fazendo com traficante? Quem garante que eu não estou tirando dinheiro de traficante? Quem garante que não estou lavando o dinheiro dele? Só investigando que eles vão saber. Por que eu teria um tratamento especial? Eu sei que sou um cara monitorado o tempo inteiro, e acho que tenho que ser mesmo. Se eu não for, haverá margem para dúvida. O dia que eu vacilar a minha punição vai ser muito severa. Se eu não errar e acharem que errei, vou me foder do mesmo jeito, porque meu maior crime foi dar oportunidade a quem nunca teve, e isso incomoda para caralho. Eu não estou falando só de ex-traficante, mas de polícia também. Eu apanho mais quando defendo um policial do que quando eu defendo um ex-traficante.

Em onze dias o caso estava resolvido, com todos os envolvidos presos. Só que, com o episódio, voltou a bater de frente com a polícia militar:

— Ele foi assaltado e reagiu. Parece que morreu muito rápido. Vale repetir: os bandidos chegaram a levar o casaco dele. Tiraram o tênis dele e fugiram. E, quando eles estavam fugindo, deram de cara com a viatura da polícia, inclusive com um oficial de supervisão. Pegaram os pertences do Evandro e liberaram os bandidos. Inacreditável! Os médicos acreditam que ele já estava morto, mas e os policiais, sabiam? A obrigação deles era tentar socorrer. Isso por um casaco que não vale nada e por um tênis de camelô. Abri uma guerra contra PM, contra bandido, todo mundo. Fui ao *Estúdio I*, da Globonews, e a Maria Beltrão fez um link ao vivo com o comandante da PM, Mário Sérgio Duarte, por causa do helicóptero, mas a história do Evandro ficou muito maior que a do helicóptero. O Evandro, infelizmente, é o nosso maior recorde midiático, que gerou de mídia espontânea cento e poucos milhões. O segundo lugar é dos 15 anos do AfroReggae. E aí entrou um link ao vivo com ela falando da história do Evandro. O comandante da PM nem deu confiança, já não gostava de mim. Quando teve a história do Paulo Negueba, o comandante do Bope caiu. O cara já tinha uma bronca de mim, escrevia no blog dele e falava mal da gente. E eu já sabia disso e não falei nada com ele. Só que o *Estúdio I* repercutiu muito. Aí, nesse meio-tempo, o Beltrame me pede para ir lá e generosamente me pede desculpas. E ele fala assim: "O Mário já falou contigo, né?" Eu falei que não, e ele: "Você não esteve com o Mário?" Eu falei que nunca estive com o Mário na minha vida. Estive em um link ao vivo, mas ele não falou nada comigo. O Beltrame falou uns palavrões, pegou o telefone e comeu ele no esporro, na minha frente. Quem conhece o Beltrame sabe como ele age quando tem que agir assim. Se sentiu enganado porque o cara disse que tinha estado comigo... Aí, ele falou assim: "Eu gostaria que você fosse ao Mário agora. Você pode ir?" Disse que ia, mas desci no prédio e mandei mensagem dizendo que não ia, não. Eu vi ele dando esporro, e o cara deve ter ficado na merda. Então, fui embora. Horas depois me liga o capitão Blaz, que eu passei a respeitar e admirar muito pela sua conduta. Ele era das relações públicas da PM. Falou que o coronel Mário Sérgio tinha pedido que eu fosse lá no dia seguinte para participar de uma entrevista coletiva. O que eu vou falar aqui nunca falei: cheguei no QG, o comandante apareceu à paisana. Estava tremendo muito. E ele dizia para todo mundo que eu era o braço do Comando Vermelho no governo do Rio. Ele falava isso direto, mas nunca para mim. Eu sei também da honestidade dele. Eu poderia falar que ele era desonesto, mas não vou. Pelo que eu saiba, ele não tem nenhum caso de corrupção, nada disso. Cheguei lá e ele perguntou se eu queria alguma coisa, um chá, café ou lanche. Eu falei que não, muito seco, e ele virou para mim e falou o seguinte: "Junior, eu lamento a morte do componente do AfroReggae, do Evandro, e queria combinar contigo, porque a imprensa toda está lá no auditório, o que a gente vai falar." Perguntei: "Como assim?" Vi que ele estava muito despreparado. Ele realmente é muito fraco com a imprensa. Esteve recentemente no programa *Na Moral*, do Pedro Bial. Quem viu sabe o tamanho do despreparo dele. O cara veio com uma fala ultrapassada, defendendo a política de enfrentamento, que já provou que faliu. Estou falando de agora, no ano passado. Ele não tem conteúdo. Ele queria se acertar comigo porque poderia cair pelo acúmulo de problemas dos últimos acontecimentos. Todo dia o Evandro aparecia nos telejornais. Aí, ele queria combinar o que a gente ia falar: "Eu quero fazer um acordo contigo para ficar tudo da melhor maneira possível." Eu falei assim: "O senhor faz acordo com bandido?" E ele: "Claro que não!" Eu: "E como o senhor me propõe acordo? O senhor não fala aos quatro cantos que eu sou ligado ao Comando Vermelho?" Ele não tinha onde meter a cara. "O senhor vai fazer acordo com criminoso? É isso mesmo?"

Aí ele: "Pô, Junior, você está interpretando mal." E a mão tremia, não por medo de mim, mas porque ele poderia cair mesmo e não tinha preparo emocional para lidar com aquela situação. Podia ter preparo pra lidar com a tensão de um confronto numa favela, mas naquela situação o estresse era outro. Teve a história do helicóptero e a do Evandro juntas em menos de 24 horas. "Eu já falei de vocês uma época, mas não era comandante da PM. Hoje minha visão é outra." Ele veio com uma história pessoal que prefiro não mencionar e também de cunho religioso. Eu falei: "Coronel, com todo respeito, você não está respondendo a minha pergunta: o senhor faz ou não acordo com bandido?" Frio, seco, olho no olho, falei: "Então eu vou fazer um acordo com o senhor. O máximo que aceito é o senhor entrar naquela sala e dizer que vai punir os policiais. Eu entro mudo e saio calado. O que vou dizer e falar é uma decisão sua." Ele é disciplinado, o medo é foda. As pessoas se agarram ao poder. Ele entrou e falou, nervoso para caralho. Tinha um coronel, Álvaro, que era do Estado-Maior, que parecia estar jogando video game com joystick. O Álvaro fazia os sinais e ele seguia. É sério. As pessoas não estavam vendo, mas eu estava. Eu estava sentado na bancada com ele vendo a imprensa e o cara fazendo sinal. Vieram as perguntas e ele respondia que o céu era azul. Ele não tinha base, não falava porque não tinha conteúdo, embasamento de nada. Vários jornalistas reclamaram que ele não estava respondendo a nenhum dos questionamentos e nada esclarecia. Aí, um repórter da TV Globo, Flávio Fachel, disse que, já que ele não respondia nada, gostaria de perguntar para mim. Ele me perguntou sobre a atitude dos policiais. Aí, eu só disse: "Esses policiais não representam a corporação, são bandidos fardados." O que inclusive deveria ter sido uma fala oficial do comandante-geral. Tirei a corporação da história. Na hora que falo dos bandidos fardados, o comandante concorda balançando positivamente a cabeça, mas o coronel Álvaro invade, interrompe a coletiva e nos tira de lá. O comandante-geral me agradece e nos despedimos. Eu cumpri o combinado, falei que não queria, que estava indo embora, e ele ainda falou para eu não ficar com mágoa, que o que escreveu no seu blog e o que falou era passado. Eu acreditei e fui embora.

O que parecia um pacto de não agressão desandaria logo em seguida. O comandante, meia hora depois, convoca os jornalistas de novo e divulga um comunicado à imprensa dizendo que Junior foi desrespeitoso com a corporação, dentro do quartel-general:

— Ele falou um montão de besteiras, que foi correto comigo e que eu mandei aquela de bandido fardado. O governador Sérgio Cabral foi procurado pela imprensa e ele falou que eu estava certo e que eram mesmo bandidos fardados ao cubo. A bronca do comandante por mim aumentou muito mais. Eu colei na polícia civil, não saí da delegacia. A primeira prisão de um dos assassinos foi feita pelo coronel Lima Freire, que era da P2. A segunda foi pelo delegado Duarte, da polícia civil. A delegacia fez um trabalho incrível e a polícia civil foi superparceira. A civil comprou a história e foi até cobrada, porque liberaram as imagens para a Globo. O comando da

PM estava espalhando que era tudo mentira. Quando apareceu na TV, foi um negócio absurdo. A partir daí eu comecei a ouvir muitas histórias, que a polícia queria me pegar, isso e aquilo... Não acho que foi o comando que mandou. Alguns policiais já não gostavam de mim e queriam aproveitar, mas não acho que foi ele, estou sendo sincero. Mas este clima com a PM virou uma coisa meio louca, com repercussão até na ocupação do Morro do Alemão, em 2010.

Antes de subirmos o Alemão, o assassinato de Evandro acabou jogando luz sobre outro personagem do AfroReggae e, de novo, numa história emocionante que comoveu o mundo, Diego, o menino do violino:

— O Diego ficou internacionalmente conhecido na morte do Evandro porque a gente fez um cortejo de tambores, circo e violinos no cemitério e ele chorava muito. O Diego era uma criança negra, mas negro azulão, africano. O fotógrafo de *O Globo*, Marcos Tristão, fez uma foto linda. Ele ganhou até prêmio com essa foto, que foi capa de *O Globo*. Aquela lágrima dura, pesada e larga caindo do olho dele. Esse negro azulão com os olhos vermelhos é uma imagem que marcou muito e, infelizmente, quis o destino que meses depois o Diego viesse a falecer. Ele era o símbolo da Orquestra AfroReggae de Parada de Lucas. Fizemos uma grande homenagem. O Evandro foi coordenador da Orquestra, e existia uma relação ali muito forte entre o grupo e ele. Muitas crianças entraram na aula de violino. Ele se inscreveu e virou um símbolo da Orquestra ainda em vida, antes mesmo da morte do Evandro. Quando se pensa na Orquestra do AfroReggae, até hoje vem a imagem do Diego. E durante um período ele nem tocava tão bem, mas tinha que ir para os eventos porque as pessoas queriam vê-lo. Diego Frazão era o nome dele. O Diego tocando violino, a lágrima grossa escorrendo, foi uma coisa muito emocionante. Acho até que acabou enobrecendo ainda mais aquele enterro que nos marcou profundamente pela dor que nos rasga até hoje. A imagem do enterro não era do Evandro, mas do Diego chorando. Meses depois, o Diego veio a falecer, rápido assim. Ele teve um problema, passou mal e foi para um hospital público no município de Caxias, próximo a Parada de Lucas. Quando eu cheguei lá, comentei com o pai dele, o Telmo, que estava esquisito. Falei: "Ele não tá normal, tá estranho." Ele olhava para mim e para as pessoas. Sabe aquele olhar parecendo que o espírito não estava no corpo? Ele estava vivo, mas parecia que o espírito não estava no corpo ou estava meio dopado. Liguei para o Sérgio Côrtes, o secretário de Saúde que teve um papel muito importante na história do AfroReggae, porque encaminhamos muitas pessoas, não só do de lá, mas das favelas também. Aí, eu falei o que estava acontecendo e ele acionou uma ambulância. Ele transferiu o Diego para o Hospital Adão Pereira Nunes, de excelência, em Saracuruna. Lá descobriu-se que ele estava com leucemia em um estado avançado. Foi uma bomba atômica que caiu ali. Ele nunca tinha tido nada e ia regularmente ao médico, segundo os pais. Mas a mãe tinha câncer. Em pouquíssimos dias ele veio a falecer, e foi outra perda gigantesca. Um dia antes de ele falecer, eu recebi um telefonema do José Roberto Marinho, da Globo: "Junior, quem tá te ligando aqui é o Zé Roberto..." E fez um discurso muito emocionante: "Quero te dizer que eu e minha família estamos colocando à disposição do AfroReggae e do menino Diego o que ele precisar, não importa o que nem onde." Ele não sabia onde o Diego estava. Era um hospital público, mas de qualidade. As pessoas têm essas coisas: "Ah, é público", mas tem público melhor do que muito privado, e ele estava bem acompanhado. Falei: "Zé, te agradeço, coisa e tal", e ele pediu para mantê-lo informado. A gente achou que ele ia sobreviver, mas não.

Ao longo desses anos, já recebi telefonemas do Sérgio Côrtes me dando notícias maravilhosas de muitas vitórias, mas também alguns com as piores notícias da minha vida. O Sérgio me ligou chorando. Nesse ano, devido à foto do Tristão, o Diego estava concorrendo ao Faz a Diferença, na editoria Rio. Ele, Beltrame e mais alguém, que não lembro. Soube que, pela votação popular, venceu. Até hoje a gente recebe homenagens em prol do Diego, quadro com imagem dele e coisa e tal. A mãe dele fez um discurso triste, quando já estava bem debilitada, com o câncer avançado, sem cabelo. Teve essa questão das homenagens, das pessoas e de todo o envolvimento. A mãe em curto espaço de tempo morreu também. Acho até que a morte do filho acelerou o processo dela. Então, perdemos também a mãe, que era muito envolvida no AfroReggae. A gente tem um grupo de pais que se envolve com os projetos da gente, e a mãe dele era presente. A irmã continua no AfroReggae até hoje, na Orquestra. Foi uma coisa triste, impactante e marcante. Perder um menino tão bom e precioso.

O AfroReggae perdeu um Diego, lembrado como um anjo, e ganhou outro Diego, só que este era considerado um demônio. Um conhecido pelo violino e seu choro; outro pelo seu fuzil e por fazer chorar. O novo Diego era mais conhecido como Mister M — o mágico que desmascarava outros mágicos no *Fantástico* —, apelido que ganhou por ser "todo preto", como ele mesmo explica. Ficou popular quando apareceu em vídeo na internet, sorridente, dançando, ao ritmo do funk cantado por comparsas, empunhando e testando o seu longo FAL (fuzil de assalto leve) calibre 7,62. Aos 18 anos, já era o braço direito de Luciano Martiniano da Silva, o Pezão, um dos temidos chefes do tráfico na região. Vamos finalmente subir o Morro do Alemão:

— Então eu já tinha uma relação e já acompanhava o Diego, Mister M, há alguns anos, mesmo ele na boca de fumo, no Complexo do Alemão, na Grota. Porque alguns casos eu acompanho há anos. Sempre tentei tirá--lo do crime. Quando é assim, eu mando mensagem, e-mail, vou visitar a pessoa. Acho que é coisa de feeling, atração, de ver um olhar. Eu gosto muito quando um cara diz que é caso perdido e não tem recuperação. Isso me atrai bastante, e este era o caso dele. E tinha uma coisa de um simbolismo muito grande, o vídeo teve muitos acessos. Ele está armado, dando tiros. Muitos funks foram feitos falando dele ou do que ele representava. Era uma nova geração no tráfico. Talvez tenha sido o maior expoente midiático e tinha até mais fama do que foi de fato. Eu sempre que ia fazer mediação de conflitos com os traficantes da Grota, com os chefes do tráfico, ele era da equipe da segurança. Então, eu gostava muito dele e tinha uma coisa com ele. Às vezes, chegava na boca de fumo, dava uma gravata nele, chegava para o chefe do tráfico e falava: "Vou levar ele comigo." E o cara falava: "Pode levar." Eu falava: "Um dia tu vai sair e eu vou te levar para o AfroReggae." Eu falei isso com ele acho que uns três anos seguidos, assim como fiz com vários. Com ele foi uma coisa de amizade. Só que, no meio desse processo de cooptação, foi decidida a marcante entrada das forças de segurança no Alemão e foi interceptada uma carta no presídio de Catanduvas.

Esta correspondência era justamente do Pezão, do Alemão, pedindo ao chefão do tráfico, Marcinho VP, para matar Junior:

— Para me matar tem que ter autorização. Tinha essa carta. Quando me falaram que tinha meu nome e do AfroReggae, eu achei que era uma coisa legal. Fui buscar informações. Não era nada legal. A carta também precisava de tradução, porque tinha códigos. Como alguns dos caras que criaram esses códigos já estavam no AfroReggae nessa época, traduziram para mim. Aí, vi que era eu mesmo que queriam matar. Dizia: "Tem um cara do AfroReggae fortão com o governo que tá entrando na mente dos nossos irmãos no B-3", que é Bangu 3. "Peço autorização para suspendê-lo de forma inteligente, sem que ninguém perceba." Essa carta foi apreendida pelo Departamento Penitenciário Nacional (Depen). Foi uma surpresa, porque eu confiava muito no Pezão e foi justamente a pessoa que mandou a carta. Eu fiquei puto porque era outro cara que eu queria tirar do crime. Eu não parei de ir ao Complexo do Alemão. Ainda não tinha tido ocupação, mas eu fiquei meio cabreiro. A carta não chegou ao Marcinho VP. Acho que naquela época a resposta seria negativa. Mas nunca se sabe.

Especula que a motivação do pedido para matá-lo veio por sua interferência para abortar uma ação espetacular do tráfico:

— A gente conseguiu informação de que iriam promover ataques durante as eleições. Tinha umas ações planejadas de sábado para domingo para não ter eleições no Rio de Janeiro e atingir o governo do Sérgio Cabral. Os tumultos começaram dentro dos presídios, seguidos de ataques pelas ruas. A semana inteira fui aos lugares e não achava ninguém. Até que consegui achar uma pessoa que confirmou o plano, e nós conseguimos mediar para que eles não acontecessem. Era uma ação totalmente de fundo político. Só não vou dizer quem estava por trás porque não tenho prova. Consegui, na sexta-feira, às duas da manhã, a palavra de que não haveria mais nada. Só que eu paguei um preço caro por isso e foi quando veio a carta. Dias depois vieram os ataques na cidade, só que o Sérgio já tinha sido eleito. Teve essa confusão toda e a imprensa começou a me pressionar porque eu estava mediando sem saber do histórico. Só contei da carta para me matar para algumas pessoas. Não queria alarde, mas também queria que alguém soubesse.

Sai o anúncio oficial de que, com o apoio das Forças Armadas, a polícia iria ocupar o Alemão:

— O Freixo soltou uma nota junto com o Antônio Carlos Costa, do Movimento Rio de Paz, colocando-se à disposição para mediar com os traficantes para não ter banho de sangue. Foi logo depois daquela fuga na Vila Cruzeiro, que passou na televisão e em que morreram alguns traficantes. Depois dessa nota eu passei a ser mais pressionado, ninguém sabendo que eu estava jurado de morte no Alemão. "Por que Freixo vai e você não?" Aí, o Freixo me liga e diz: "Você viu a nota que eu soltei?" Falei que vi, e ele: "Vou lá, mas quero ir contigo." Eu até brinquei que ele não colocou meu nome. Eu falei: "Acho que seria a última pessoa que deveria ir aí." E contei para ele a história da carta: "E aí? Você vai querer ir comigo? A carta para me matar está vindo de lá." Eu já sabia quem tinha mandado e quem mandou estava lá. Ele me chamou para conversar pessoalmente. Falei: "Cara, acho melhor, se você quiser ir, que você vá sem mim. Você comigo vai se colocar em risco." Segundo ele, por ser deputado, teria que ver se podia ir sem colocar em risco também a sua representatividade parlamentar. Acho que alguém disse que era melhor que não fosse. Na sexta-feira, uma pessoa me ligou e falou assim: "Pô, cara, o Luciano Pezão me chamou lá onde eles estão escondidos e queria falar contigo. Tem um cara aqui de moto esperando." Detalhe: Luciano Pezão é o único dos grandes que não foi preso até agora. Eu falei para essa pessoa ir e levar o telefone, e não ficar muito perto, porque eu iria falar certas coisas pra ele que, dependendo, ele poderia ficar com medo.

Pezão: Pô, parceiro, o que está havendo?

Junior: Parceiro? Sou seu parceiro onde?

Pezão: Como assim?

Junior: Qual é? Mandou cartinha para me matar.

Pezão: Não fui eu, não.

Junior: Para de história.

Pezão: Por que isso?

Junior: Meu irmão, você tem que ser homem e assumir o que tu fez. Mandou cartinha e agora quer que eu ajude a mediar. Tá com medinho? Vai tomar no cu! Filho da puta!

Ele realmente estava com muito medo, e foi um dos que fugiu, se acovardou. Sem querer botar pilha, mas, se fosse brabo mesmo, encarava. Dei uns foras nele e depois ele me ligou de novo. "Pô, teve um mal-entendido." Teve outra ligação dele em seguida, pedindo pelo amor de Deus, quase chorando mesmo, com medo. Ele pediu que eu fosse para estudar a possibilidade de uma rendição. Pediu pra que eu fosse de manhã, que iria juntar todo mundo naquela madrugada pra conversar comigo. Eu disse que iria! Antes conversei com o Allan Turnowski, que disse que o melhor caminho era evitar o confronto, mas que eles (forças de segurança) estavam preparados para isso se fosse necessário. Nesse meio-tempo, a Márcia, mulher do Marcinho VP, foi presa. Eu fui na chefia de Polícia Civil falar com ela. Estavam fazendo uma operação ligada às famílias dos traficantes. Depois ela foi transferida pra carceragem da Delegacia Antissequestro (DAS).

Na época, uma parcela da sociedade manifestou-se publicamente decepcionada com o fato de os bandidos terem escapado com vida:

— Eu descubro, cada vez mais, que a maioria é burra, vota errado e estão aí as provas.

Assegura que não chegou a haver um acordo formal para deixar os traficantes fugirem ilesos, mas que muitas partes pediam que ele ajudasse na mediação. Beltrame não estava entre os que queriam a colaboração de Junior:

— As autoridades pediram, o tráfico pediu, os moradores pediram, todo mundo pediu. Agora, como é que eu vou subir o morro sabendo da carta para me matar? Esse era o detalhe. Para complicar, a TV Record coloca a carta no ar. Ninguém tinha divulgado. Ferrou: minha mãe viu, o pessoal do AfroReggae viu e ficou com medo. Teoricamente, eu não deveria ir mesmo porque vazou geral. Paciência, combinei que eu iria de manhã. Meu filho Krsna tinha acabado de nascer e estava muito bebê. Olhei para ele e pensei: "Acho que esse moleque nem vê mais o pai." No dia seguinte eu fui conversar de novo com a Márcia na DAS. Era o sábado anterior à ocupação. Faltavam menos de 24 horas. Ela chorava muito. A mãe do Márcio também estava lá, e elas fizeram coro com outras pessoas de que eu deveria subir o Alemão para evitar o banho de sangue. Várias pessoas estavam me pedindo a mesma coisa. Dialoguei com muita gente da imprensa, do tráfico, ex-traficantes, policiais, moradores do Alemão, jornalistas, parlamentares e autoridades. Eu também conversei com o governador Sérgio Cabral e o então vice, o Luiz Fernando Pezão, outro Pezão. As autoridades achavam bom evitar o banho de sangue. Passamos a avaliar os cenários dessa minha subida sabendo que existia uma carta pra me matar. O cenário mais otimista é que me pegariam como refém. O mais otimista era esse... Todo mundo era contra. Por mais que algumas autoridades quisessem que eu fosse também, não podiam garantir a minha segurança. Fiz um documento declarando que, se acontecesse algo comigo, a responsabilidade era minha. A culpa era minha, independente de terem me pedido ou não. A decisão foi minha, ninguém me obrigou. E fui porque quis.

Junior chega à base do morro sendo aplaudido pelos moradores e cercado por um batalhão de jornalistas brasileiros e estrangeiros.

— Onde eu andava era ovacionado pelos moradores. Isso do lado de fora. E a imprensa inteira com a câmera virada para onde eu estava. Eu vi mais câmeras nesse dia que no show dos Rolling Stones, em Copacabana, com dois milhões de pessoas. Foi um negócio louco. Vai, não vai, vai, não vai, vai, não vai.

Houve uma reunião num galpão, numa área conhecida como Grota. Entre os presentes, o presidente da Associação dos Moradores, Bororó, e um irmão do Marcinho VP, Cristiano Santos. Para complicar ainda mais a situação, se é que era possível, a sua presença, embora desejada até pelo governador, não era uma unanimidade também do lado da lei:

— Só que eu já sabia de algumas antipatias com relação a mim naquele momento. O próprio secretário Beltrame não era simpático à minha presença ali. E quem era o comandante da PM? O mesmo Mário Sérgio com que eu tinha batido de frente na morte do Evandro. Eu resolvo entrar e a imprensa pergunta: "Eles vão se render?" Eu não fui lá para ninguém se render. Alguns jornalistas falaram que fui lá para eles se renderem. Fui lá para evitar um banho de sangue. É diferente.

Então a fuga foi negociada?

— A lógica da minha negociação era não ter banho de sangue. Se não tem troca de tiro, não morre inocente, não morre policial e não morre bandido. Você pode se render de duas maneiras. Ou se entregando ou fugindo. Não teve acordo, mas fugiram.

A subida até o alto do morro, onde os traficantes se refugiaram, no início com a intenção de reagir, foi caótica:

— Eu estava com a blusa do AfroReggae, para depois não dizerem que fui confundido. Não dava para ninguém passar porque o Exército fechava o cerco. Só que uma hora abriu para mim. Quando a gente estava subindo, eu devia estar com umas trinta pessoas. De repente, surge um cara apontando um fuzil, não reconhece ninguém, nem os líderes comunitários, mas me reconhece. Acho que era um semibandido, porque estava de fuzil, mas era cracudo. Os traficantes foram abandonando as armas pelo caminho, e os cracudos, doidos, iam pegando e saíam atirando para tudo que é lado. Um perigo. Na segunda entrada houve muito tiro. Vi muitas pessoas viciadas em crack, pessoas em estado crítico, de fuzil. Vi que quem estava revidando os tiros não eram os bandidos, mas os cracudos. Era um tapete de fuzil, de arma, de tudo que você possa imaginar. Não filmei, mesmo estando com câmera. Naquela hora ali eu teria imagens históricas, mas não quis parecer oportunista de explorar. Os bandidos estavam imundos, fétidos e pareciam que estavam numa guerra sem água e isolados. Nessa hora, não tinha um valente ou brabo. Conforme eu ia subindo e olhava para trás, o grupo de trinta caiu para vinte e cinco, de vinte e cinco caiu para dezessete. Só sei que chegamos lá em cima eu e mais cinco. Lembro só de mim, do Bororó, do Pato, do Cristiano, do Brother e do pastor Rogério. Uma cena de filme, apocalíptica, nunca vi nada igual. E olha que já vi muita coisa. Havia muitas armas jogadas no chão: ponto 30, ponto 50, AK-47. Um arsenal daqueles, supercobiçado, largado na terra que nem lixo. Traficantes, ainda armados, dando socos um na cara do outro. Briga entre eles é proibido, mas bateu um desespero.

Estima que eram uns trezentos criminosos — uma parte da cúpula do tráfico mais seus principais soldados. Na base do morro, mais de dois mil homens das polícias e até das forças armadas:

— Ninguém se entendia. O Fabiano, o FB, na época o número um, estava chorando, mas não de medo, e sim de ódio, porque o Luciano Pezão tinha reunido todo mundo na noite anterior dizendo que todos tinham que me esperar e que ninguém poderia fugir. Era para todo mundo ficar e desenrolar o melhor caminho para ninguém ser morto. É esta a história: o cara chorando de raiva e falando um monte de coisas. Subi, na verdade, por dois motivos: o segundo, porque me pediram, mas, primeiro, para olhar nos olhos de quem mandou a carta encomendando minha morte. Parte daquela carta também foi escrita pelo Fabiano. Olhei para um e o outro fugiu. Se não subo ali, eu jamais poderia continuar o trabalho, porque ia ficar com medo. Meu maior problema era meu possível medo. Tive que subir e me colocar à prova. As pessoas mais próximas que se preocupavam comigo me pediram para não ir, mas fui por mim. Olhei para o Fabiano e perguntei: "Mandou cartinha para me matar?" Ele disse que não havia sido ele e culpou o Luciano Pezão. Tenho várias testemunhas, mas esse cara teve um mérito porque ficou. Não que eu enobreça um bandido que está em guerra, mas ele ficou até aquele momento. Teve uma hora em que o Fabiano gritou para os outros chefes: "Vamos reunir os bondes. Reúne teu bonde que vou falar o que temos que fazer." O traficante da Cidade de Deus, Juninho, perguntou: "Que bonde, Fabiano?" Fabiano disse: "Ué, cadê fulano, beltrano e sicrano?" Juninho respondeu: "Me abandonaram. O meu bonde agora é o bonde do eu sozinho." O cara, chefe de uma favela gigantesca, foi abandonado por seus soldados. Foi o que mais aconteceu. Ele liberou geral. Disse para quem ficou que poderiam fazer o que quisessem. Quem quisesse fugir, poderia. Eles ainda lembraram da dinamite para explodir o teleférico. Eu estava ali para desarmar esses ânimos. Não fui lá para ninguém se render. Até sugeri, mas meu papel principal era evitar a troca de tiros para que militares, policiais, moradores e os próprios bandidos não morressem.

Acha que cumpriu com seu dever — acredita que é uma missão servir de mediador de conflitos —, mas não valoriza seu papel na ocupação do Complexo:

— Quando me perguntam se acho que eles não reagiram pelo que falei, sempre digo que não. Eles não reagiram porque sabiam que não podiam. Eu talvez tenha sido a grande desculpa para eles. Falei: "Vocês vão morrer, não tem papo." Fui lá para desarmar e tentar, em meio ao caos, acalmar os ânimos. Não tinha jeito. A gente não pode saber o que estava na cabeça do policial de campo, da base, mas a cúpula não queria o enfrentamento, pelo menos parte dela. Não por medo nem pelos bandidos, mas porque no banho de sangue com certeza iria morrer muita gente inocente.

Reconhece que a solução ideal seria que todos se entregassem pacificamente. E explica a fuga em massa, sem reação policial, não por acordo velado, mas devido a vários motivos:

— A melhor opção era que as pessoas se rendessem e fossem presas, mas, se elas fugiram, foi por vácuos, por corrupção ou porque os policiais deram mole. Quem pode esclarecer é a polícia, não eu. Era fugir, pagar propina ou se render. Quando rodei lá dentro, vi vários acessos que não tinham policiamento. Nesse aspecto, acho que faltou certa logística, mas não posso julgar porque foi tudo muito rápido. Mas o que importa é que a operação de ocupação foi muito bem orquestrada e demonstrou que não existe lugar impenetrável para o Estado constituído e democrático de direito. Aquela região era o grande bunker do tráfico e dizia-se impenetrável. Realmente havia um mito que foi quebrado.

No quesito corrupção, tem uma grave denúncia, mas não revela o protagonista por mais que se insista:

— Teve uma pessoa conhecida, líder de um movimento social, que sugeriu uma conversa com os policiais e dar dinheiro para colocar os caras dentro dos caveirões para fugir.

Há, de fato, versões dando conta de que esses fúnebres e assustadores veículos policiais construídos para abrir caminho à força contra criminosos já foram "alugados" para servir de transporte seguro para bandidos:

— Fiquei puto e falei para não contar comigo para isso. Ele teve a cara de pau de falar para mim. Ele se dirigiu a minha pessoa perguntando se eu topava fazer isso. Falou que traficante, no dia anterior, tinha desembolsado não sei quanto, botou no bolso dele, para o cara do caveirão. Se é verdade ou mentira, não sei, mas ele falou isso. Pode ser que ele estivesse querendo se exibir, não sei. Tem muito fanfarrão, mas ele falou. E reagi: "Olha só, você me conhece e sabe que não fecho com esses bagulhos." Se não fosse quem era até podia achar que estava com um microfone para me pegar. Não sei por que fazer essa proposta para mim. O cara fez. Falei para não contar comigo e saí de perto dele e de outras pessoas que estavam apoiando essa história. Olha só, essa proposta de pôr pessoas no caveirão podia ter vindo do irmão do Marcinho VP, mas ele ficou mudo. Ele me conhece, respeita e sabe que não fecho com parada errada.

Hoje, avalia sem hesitação que correu mais riscos por parte da polícia do que dos criminosos:

— Nas duas vezes que entrei nesse período, de maneira proposital, a polícia atirou na direção em que eu estava, me colocando em risco, já que poderia ter tido revide por parte dos criminosos. Lembrando que naquele momento tinha muito cracudo armado. Não sei se foi ordem de alguém, mas deu. Recebi informação segura de dentro da polícia que tinha gente da cúpula querendo decretar minha prisão, sei lá por que pretexto, quando eu descesse o morro. Quem queria me prender pediu direto ao Beltrame. Mas um oficial, que estava junto, teve a percepção de avisá-lo e advertiu: "Se ele for preso vai acontecer tudo aquilo que o senhor não quer: a mídia inteira vai colocá-lo como herói, porque quem teve coragem para entrar foi ele." Quando eu estava subindo o morro, cegamente, podia tomar um tiro da polícia. Não houve autorização para me deixar subir. Passei na força da marca AfroReggae. Não dei confiança e fui. Não podia entrar ninguém, apenas sair. Vi muitos moradores sendo contidos. A polícia não deixou. Quando voltei para a base, com a imprensa inteira em cima de mim, o coronel Lima chegou para mim e disse que o comandante-geral queria saber que horas eu ia sair. Perguntei o porquê e ouvi que ele só chegaria quando eu fosse embora. Ele não queria dividir as câmeras, acho. A verdade é que virei o grande personagem daquele dia e confesso que não era a minha vontade. Todo mundo sabia que eu estava entrando para falar com os bandidos. Quem ia querer falar com o comandante da PM? Ele já estava lá, do lado de fora da favela, pelo que sei, e, quando saí, vi a escolta dele chegando. Pediram para eu não ir no dia seguinte, e não fui mesmo.

Não é possível saber do paradeiro de todos os fugitivos, quantos voltaram para a criminalidade, mas sabe que muitos foram presos posteriormente, outros simplesmente largaram o tráfico:

— Tem muito bandido que não tem pendência criminal, não é conhecido. Quem não tem ficha não é procurado. Por que se entregar? Teve gente que nos procurou depois e arrumamos trabalho honesto. Naquela fuga dos traficantes atravessando da Vila Cruzeiro para o Complexo do Alemão, 90% não tinham passagem pela polícia. Se você não é procurado e não tem problemas com a Justiça, vai se render para quê? Uns nem fugiram, ficaram quietos, abandonaram o crime durante um período, outros regressaram ou acabaram morrendo. Alguns chefes do crime fugiram e depois foram presos em outro lugar, caso do Polegar, hoje no AfroReggae. Também houve casos de quem fugiu ou foi preso que já encontrei solto, ou porque pagou a pena ou porque não tinha antecedentes.

Desta operação de guerra, onde não houve baixas, qual foi a única rendição significativa e que teve grande destaque? Foi justamente a do Diego, Mister M, então com 25 anos e um dos bandidos mais procurados do Rio. Sua capitulação, que valeu capa de jornais até fora do país, se deu de uma forma inusitada.

E, mesmo com toda a campanha de Junior, aconteceu graças à mãe dele.

Dona Nilza Maria da Silva depois contou que tomou coragem, respirou fundo e, junto com outro filho, Marcos Paulo, e um pastor da Assembleia de Deus, Paulo, atravessou a barreira policial sem ser importunada. Foi achar seu filho em um barraco num dos pontos mais movimentados do tráfico. Diego estava com muito medo, aos prantos. Todos se ajoelharam no chão e rezaram. Dona Nilza contou como foi: "Eu perguntei: 'Diego, vamos embora?' Meu outro filho perguntou se ele estava disposto a entregar a vida a Jesus e sair do crime. Ele fez que sim, balançando a cabeça, e chorou. Melhor ver meu filho preso do que num caixão. Minha esperança é que ele seja outra pessoa ao sair de lá."

O mais surpreendente é que Mister M, com um rosto famoso, no topo da lista da polícia, desceu o morro calmamente, sem ser detido. Para Junior, Diego ter saído do Alemão sem ser morto ou preso é mais uma prova de que a vigilância foi falha.

— Porra, cara, nem desceu de moto ou escondido num carro: ele saiu a pé, passando por barreiras de policiais militares e soldados do Exército. A maior tensão quando um criminoso resolve se entregar é que seja morto, que apanhe muito — neste caso, a polícia quer mostrar serviço — ou seja achacado para permanecer em liberdade.

A ideia original era ir para a casa da mãe, mas Diego recusou, por ficar próximo ao 16º BPM (Olaria).

Resolveram então se apresentar logo numa delegacia. O relato agora é de Diego, ex-Mister M: "A gente foi descendo até o ponto mais próximo. Peguei o primeiro ônibus que passou. No começo eu estava triste e bolado. Minha mãe estava me procurando, e eu, fugindo dela. Quando ela me encontrou e me fez um apelo, prometi: 'Deus, se o senhor me tirar daqui sem que ninguém me pegue, vou para a delegacia me entregar porque não quero mais essa vida.' Já no ônibus, um policial subiu, olhou para dentro e saiu. Acho que me reconheceu. Saltei em seguida e peguei outro ônibus. Subiu outro policial, que também desceu no ponto seguinte. Deu para ver que várias viaturas chegavam. Chamei minha mãe e chegamos de Kombi à 6ª DP, uma delegacia bem distante do Complexo do Alemão. Chegando lá, minha mãe me apresentou e perguntaram por que eu estava indo preso. Só que ela só me chama pelo nome e ficava repetindo que era o Diego. Quiseram saber que Diego, e ela disse que era o tal de Mister M. Aí foram ver os registros, viram que eu estava devendo e fui algemado. Depois de meia hora o Junior apareceu lá."

Foi sua primeira prisão, por associação para o crime. Ficou preso por nove meses.

Junior, que investia tanto na entrega de Diego, só soube pelo burburinho das pessoas e foi direto para a delegacia:

— Fui para amarrar a situação. Sempre falei que um dia ia tirá-lo do crime e disse a ele que entraria no AfroReggae quando saísse. Conversei com os policiais, que trataram o Diego com respeito e disseram que a melhor coisa que ele tinha feito foi se entregar. Quando ele foi para Bangu, fui visitá-lo. No dia em que ele saiu, fui atrás dele e nos encontramos no mesmo dia.

Lamenta muito não ter acompanhado Diego pessoalmente, mas tem justificativa:

— Pô, eu estava lá em cima com outros trezentos.

A mediação é provavelmente a tarefa que mais deixa Junior mobilizado. Na definição jurídica, mediar é "um procedimento para resolução de controvérsias, se enquadra como um dos métodos alternativos à clássica litigância no Judiciário. Consiste num terceiro imparcial (mediador) assistindo e conduzindo duas ou mais partes negociantes a identificarem os pontos de conflito e, posteriormente, desenvolverem de forma mútua propostas que ponham fim ao conflito. O mediador participa das reuniões com as partes de modo a coordenar o que for discutido, facilitando a comunicação e, em casos de impasse, intervindo de modo a auxiliar a melhor compreensão e reflexão dos assuntos e propostas". No seu mundo, significa convencer traficantes a não venderem drogas para crianças; não ter crianças trabalhando no tráfico; impedir que uma facção invada comunidade dominada por rival; evitar ataques na cidade e à população civil; e, o que parece mais gostar, convencer o bandido a deixar o crime.

— O AfroReggae não sabe precisar quantos tirou do crime. Muitos tinham funções inexpressivas e outros chegaram ao topo da hierarquia. Só vídeos de capitulação são mais de cinquenta. Entre as celebridades do mundo fora da lei estão Tuchinha, Gaúcho, Polegar, João Paulo.

O que motiva um cidadão a se entregar para cumprir pena?

— O que o camarada negocia é meio misterioso. O simples fato de se render já conta ponto na hora da sentença. Mas entram questões como devolução de patrimônio, o número de crimes que está disposto a assumir, que membros da sua família não sejam presos e até o local da prisão — de preferência, mais perto de onde mora. Mas já é uma grande vantagem não ser executado ao se entregar ou que a prisão não vire apenas uma oportunidade de achaque.

Aliás, existe até uma lógica política sobre espólio de guerra. Alguns não consideram crime pegar para si dinheiro, joias e armas de uma apreensão. Por esta tese, como diz o dito popular, quem rouba de ladrão tem cem anos de perdão.

E quem chancela do lado de cá os termos do acordo para o sujeito se entregar? Pode ser delegado ou até governador. Já andou negociando capitulação com Sérgio Cabral e, agora, com Pezão. Se tem policial que prefere dar cabo a bandido ou prender na marra, pega bem para o governo quando um deles se entrega. Passa a imagem de que a autoridade falou mais alto e o meliante achou melhor desistir. Sem contar que, durante as prisões, sempre há o risco de sobrar para inocentes na captura. E, em alguns casos, serve até para garantir projetos dos governantes:

— O cara mais procurado no Rio de Janeiro, nos anos 2000, era Tota, do Complexo do Alemão. Poucas pessoas mataram como ele. Fazia sem motivo. Existia a possibilidade dele embarreirar as futuras obras do PAC (Programa de Aceleração do Crescimento, um dos xodós da administração petista) no Complexo do Alemão. Falava-se que ele iria cobrar pedágio das empreiteiras, do governo. Como existia essa dúvida, eu fui num local chamado Areal, no QG do tráfico, no Complexo do Alemão, falar com ele. Nesse encontro o Diego Mister M também estava, mas ainda era do crime. Fui falar para ele que as obras eram boas para a comunidade, que seriam grandes avanços para o desenvolvimento local e que ninguém tinha que pagar nada. Quem foi fazer a mediação fui eu, que também não estava ganhando nada. Nunca aceitei nenhum tipo de apoio financeiro do tráfico ou do governo para realizar essa finalidade. Tinha um valor para o projeto que chamavam de consórcio social e eu não aceitei, senão iriam dizer que estava fazendo aquilo porque estava recebendo. Aproveitei para dizer para o Tota parar de matar os outros e roubar. Era muito roubo de carga, gente morrendo e muito tiro na polícia. Ninguém falava assim com ele. Perguntei: "Quem manda matar nessa porra? Quem é o chefe? Eu sei que é você!" Ele não gostava de ser contrariado. Tinha dois integrantes do AfroReggae comigo que quase enfartaram, ficaram desesperados.

Depois disso o Tota passou a ter muito respeito por mim. Falava com ele umas três vezes por semana pelo MSN. Aconselhei muito e consegui diminuir os ânimos dele. Ele nunca teve uma pessoa que batesse de frente com ele.

Como é quase sempre o discurso do criminoso que se entrega, Junior martela mesmo na preservação da família:

— O negócio não é o dinheiro. É o filho, a filha, a família, o irmão. Nunca bato no negócio. Nunca, na minha vida, disse: "Você vai ganhar menos ou mais dinheiro." Pelo contrário. Falo: "Sou contra o que você vende. Para mim, você tem que falir." No Complexo do Alemão, com o Elias Maluco... Ele estava vendendo drogas e tinha fila, inclusive crianças. Quando eu chegava e falava, ele tirava as crianças. Lembrava que ele tinha filhos. Não é simples. Uma pessoa no alto de uma hierarquia grande em uma facção. E, quando você fala com essa pessoa, está cercado por várias outras, olhando. São os soldados. Eu bater de frente com o Elias, na frente dos subordinados dele, repercute. O Rio de Janeiro todo ficava sabendo. Quando você é traficante, com seu fuzil, ali dentro da comunidade, todo mundo fala que você é maneiro. Mas quando chega uma pessoa com um discurso desses, ao qual não se está acostumado, ouvimos. A lógica é esta: você não está afetando a venda de drogas. Ele vai vender de qualquer jeito, mas você está conversando com ele na lógica certa. O bandido gosta do papo reto. Qualquer indivíduo que se entrega tem benefícios da lei. Se o Nem tivesse se entregado quando fui lá negociar, teria os benefícios previstos na lei.

Nem, Antônio Francisco Bonfim Lopes, era o chefe do tráfico da Rocinha. Ficou famoso nacionalmente ao invadir o Hotel Intercontinental, no bairro de São Conrado, para conseguir despistar a polícia e realizar a sua fuga. Em um cerco policial, forjou a própria morte e fez um enterro de mentira para escapar. Com ajuda de policiais que subornou e que serviram de escolta, ainda conseguiu fugir do morro na véspera da grande operação policial de ocupação para a instalação de uma UPP. Só que, já no bairro da Lagoa, a alguns quilômetros do seu esconderijo, soldados do batalhão de choque que passavam no local acharam que o veículo estava sendo conduzido de forma suspeita. O motorista, que depois se descobriu ser um dos advogados de Nem, relutou em abrir o bagageiro. Disse que era diplomata e depois ofereceu suborno — as versões variam de trinta mil a um milhão. O traficante estava mesmo no porta-malas e foi preso, com grande destaque na mídia.

— Quando estava tudo certo para ele se entregar, ele não teve coragem, mas acabou sendo preso uma hora depois. A Justiça permite esses benefícios porque o policial não precisa mais investigar, tem menos viatura... Se tem outro acerto, é com as autoridades. Comigo, nem posso, não tem barganha. Comigo é o seguinte: convenço o cara a poder ir à praia com o filho no futuro, a poder ir ao shopping, a levar o filho à escola e a ter uma vida digna, que nunca teve. O nome da nossa agência de reintegração está errado. Não deveria ser Segunda Chance, mas primeira. Os caras nunca tiveram uma chance. Não estou dizendo que eles são bonzinhos, mas muitos não tiveram oportunidade. Não faço julgamento moral, senão não posso fazer o que faço. Quero que o cara vá preso e cumpra a pena, mas não julgo. Meu papel é fazer com que aquele indivíduo, que cometeu um crime, se entregue à Justiça. Não sou juiz e não sou padre para dar sermão. Se ele fala que ajudou a comunidade, respondo que vende drogas, mata... Não tem um traficante que não tenha feito alguma coisa que seja um delito grave. Isso é óbvio. Não existe o cara que entrou hoje, soltou fogos e foi preso. Meu papel é fazer o cara se entregar. Tem que enaltecer a entrega, o que em geral a imprensa não faz. É óbvio. Não que ele seja bondoso, mas para que a atitude dele seja copiada e outros se entreguem. Quanto mais traficantes se entregarem, menos risco seus filhos vão correr. Enaltecer a entrega é fundamental.

O trabalho de mediação de conflitos e de convencimento de criminosos é uma das ações mais importantes do AfroReggae.

Jorge Luís Passos Mendes, o JB, foi uma referência na matéria para Junior. Seu apelido surgiu por ter sido entregador do extinto *Jornal do Brasil*:

— Tem um papo de Jorge Bobo. JB era ligado ao tráfico, só que não pegava em arma. Já era uma espécie de relações-públicas, um representante nas articulações do Comando Vermelho. Não era um criminoso direto, mas era indireto. Não pegava em fuzil, mas, para mim, estava envolvido, claro. Dentro da ótica dos caras, ele não era considerado bandido, o que permitia que ele circulasse com mais tranquilidade. Ele pareceu no AfroReggae em 2001, se não me engano. Tinha um traficante criando problemas para nós lá em Vigário. Ele fez o meio de campo e a alta cúpula do CV mandou ele intervir para não se meterem conosco. Ele falou que alguns criminosos respeitavam e gostavam muito da gente porque sabiam que nós éramos a única esperança que os filhos deles tinham. Na época, o foco era o filho. O JB que organizou essa coisa de mediação de conflitos. Quem trouxe a aproximação com o crime foi ele. A gente fez isso muitas vezes. Mediamos não sei quantas guerras e conflitos durante muitos governos, independente do governador ter ou não solicitado, mas a gente conseguiu parar muitas guerras e coisas que poderiam ser uma catástrofe no Rio de Janeiro. O JB é um cara que sempre esteve presente nessa coisa de mediar conflito e está comigo nos momentos mais críticos. Nós conseguimos salvar muitas vidas. Tem histórias que nós vivemos e nos geraram tensão incrível. Algumas vezes achávamos que poderíamos morrer, seja pela mão da polícia ou de traficantes. A polícia não entendia muito o nosso papel. Hoje, por incrível que pareça, e mesmo com todas as dificuldades, entende muito mais. Sabe que a gente não faz parada errada, coisa que toda a polícia sabe. O chefe da Polícia Civil sabe, o comandante da PM sabe, o próprio secretário, o governador... Estou muito focado nessa retomada, nesse momento, de mediar conflitos de novo. A diferença agora é que tudo isso pode ser feito virtual e velozmente. Antes tinha que ser algo *face to face*, mas, com a fama e a repercussão, podemos criar essa nova estratégia adotada pelos próprios criminosos.

Desde o início de 2015, passou a cuidar pessoalmente do processo de rendição de Playboy, tido como o bandido mais caçado do Rio. Recompensa de R$ 50 mil, um recorde. Uma espécie de celebridade do mundo fora da lei:

> — O Playboy acabou trazendo novo ânimo para mim, mesmo com tanta confusão na minha vida, mas acho que vamos conseguir fazer boas mediações neste ano. Ele me fez um grande favor e trouxe uma coisa que eu tinha deixado um pouco para trás. Refiro-me a mim pessoalmente, não ao AfroReggae, que nunca deixou de fazer. Deleguei muito as mediações, fiz pouquíssimas entregas depois da confusão com o pseudopastor, e o Playboy me reposicionou. Devo isso a ele. Tenho essa gratidão por ele. Eu estava licenciado e fiquei feliz. Falei que ia voltar pesado. Tentaram acabar comigo, com a minha trajetória, e me matar. Fui na do Playboy de peito aberto.

O desfecho desse processo foi impactante, mas não surpreende e dá bem a dimensão do quanto sua vida se confunde com a crônica policial da cidade. O secretário de Segurança do Rio não queria glamorizar a imagem do criminoso e dizia que dava prioridade a outras capturas — como o tal Pezão do Morro do Alemão —, mas Playboy parecia ser mesmo a bola da vez.

Celso Pinheiro Pimenta, 32 anos — 17 na marginalidade —, ficou conhecido por suas ações espetaculares e por desafiar a polícia. Um dos mais badalados eventos atribuídos a ele foi o ataque a um galpão do Departamento de Trânsito da cidade, onde roubaram nada menos que 197 motocicletas, dados oficiais. Jamais assumiu este crime. Ele espalhava para o pessoal do Morro da Pedreira, onde montou seu império, no subúrbio de Costa Barros, que agiu por conta própria. E corrigia o número de veículos roubados para "apenas" 105. E que mandou devolver. Ele fazia o gênero traficante assistencialista, sempre distribuindo benesses na comunidade.

— Um fator que pesa muito é a perda de apoio da comunidade. Está ficando para trás a figura do traficante benfeitor. A arma do traficante não é o fuzil, é o morador. Se ele estiver em guerra com o morador, pode até não vir nenhuma polícia que ele será denunciado.

No caso de Playboy, o cerco foi se fechando rapidamente. E ele nada de se entregar. Em fevereiro de 2015, foram presos seis dos seus principais fornecedores de armas (entre eles um "cadeirante") e também responsáveis pela intermediação de carga roubada, com conexão no Paraguai. Considerado seu braço direito, Vanilson Venâncio Gomes, o Tida, de 39 anos, morreu em abril do mesmo ano numa perseguição policial em Honório Gurgel. Seu Voyager bateu na viatura dos PMs e, já atingido por disparos, não resistiu, preso às ferragens. Em maio, foi preso Ênio Costa de Oliveira, o Rei Eco, gerente de Playboy na favela da Lagartixa. Uma das ações mais midiáticas foi a invasão de Playboy e sua gangue à piscina da Vila Olímpica de Honório Gurgel, na Zona Norte do Rio. Com direito a vídeo exibindo nado sincronizado, com os traficantes fazendo coreografia com seus fuzis. Ele fala: "Quem tá falando aqui é o Playboy, pô, ó! Adorei a piscina, adorei a piscina. Esculachou, se ligou. Mó complexão, tá tudo dominado." Integrante do ADA, também divulgou gravações desafiando e ofendendo rivais do Comando Vermelho.

Filho de um dono de bancas de jornal e de uma dona de casa, levou uma vida de classe média, estudando em escolas particulares (entre elas o Colégio da Providência, administrado por freiras) em Laranjeiras, na Zona Sul, onde morava na cobertura de um pequeno prédio. Daí o apelido. Segundo a polícia, seu faturamento era em torno de um milhão de reais por mês. Sua suposta riqueza acabaria criando problema na sua operação. Segundo reportagem de *Veja*, ele passou a ser sistematicamente achacado por policiais. E os que não eram corruptos preferiam matá-lo a prendê-lo, por sua ostensiva postura desafiante. Já fora preso, condenado a quinze anos e oito meses por assalto, saiu do presídio para visitar a família em 2009 e não voltou. Sua maior motivação para se entregar seria tirar a família da pressão, da linha de tiro: "Não é por mim, que sou traficante. É pela minha família. Não quero pegar 30 anos. Estão botando tudo na minha conta. Quero ficar uns anos e viver a minha vida", disse, em entrevista ao jornalista Leslie Leitão.

Já depois do encontro clandestino com Junior — o início do processo de capitulação —, passaram a ser atribuídos a Playboy os ousados sequestros-relâmpagos em estacionamentos de shoppings da Gávea e da Barra. Junior achava que ele estava mesmo levando a fama injusta. Não fazia sentido continuar agressivo nesta altura do campeonato:

> — Nunca tinha visto o Playboy na vida. Estava com minha família no interior do estado, na casa de um amigo, quando um ex-traficante, hoje no AfroReggae, ligou dizendo que o Playboy queria muito conversar comigo. Já tinha recebido recados dele havia uns dois anos, mas os pedidos de conversa não tinham uma motivação específica. Antigamente, eu ia direto quando um traficante queria conversar comigo. Agora tem que

ter um motivo. O meu tempo agora é outro e também é um pouco para não prejudicar o cara. Eu prefiro que minha galera vá. Insistiram muito e conversei com algumas autoridades, que acharam interessante eu ir. Eu comuniquei isso à polícia oficialmente. Também avisei ao Playboy que eu tinha comunicado e ele disse que tudo bem. Estava sendo uma conversa fácil com o Playboy porque ele assumia as merdas que fez. Geralmente eles evitam. Ele falou: "Isso aqui eu não fiz, mas fiz isso, isso e isso." Ele confessou mais coisas que ele fez do que ele não fez. Reclamou de uma nova acusação de ter roubado uma moto 125 cilindradas. Perguntou: "Você acha que desci a rua para pegar uma? Me respeita, não bota mais coisa na minha conta." Ele foi muito sarcástico.

O maior impasse era porque Playboy, antes de baixar as armas, queria saber quantos anos ficaria preso e Junior não conseguiu a resposta:

— Ele me perguntava quanto tempo teria que pagar. Ele só queria saber isso. Perguntei a várias pessoas. Ninguém sabia! Ele era procurado por uma porrada de coisas, mas tem outras que estão na gaveta e ninguém fala. O cara parece que quer se entregar, mas o problema todo é que aparecem outros inquéritos. Tem vários delegados cuidando de diferentes casos, está tudo parado.

Enquanto jurava inocência aqui e ali, enquanto o acordo não saía, Playboy, de alguma forma, foi de fato tocando a vida de crimes. E, assim como na economia formal, a maré no seu ramo de negócio não andava das melhores. No dia 24 de maio de 2015, sua quadrilha, segundo os policiais, sequestrou um caminhão de bebidas numa das principais avenidas de Costa Barros, Zona Norte. Antes de fugir, o motorista conseguiu disparar discretamente o alarme, o rastreador foi acionado e a carreta passou a andar em baixa velocidade. Bandidos de um bando rival tentaram se aproveitar da situação e roubar o roubo. Houve intenso tiroteio, três pessoas morreram na hora e outras quatro ficaram feridas. Segundo a Divisão de Homicídios, todas as vítimas eram inocentes, estavam em outros veículos e passavam pelo lugar errado na hora errada. A carreta, toda metralhada, foi abandonada.

Enquanto o acerto não chegava, o bandido continuava aparecendo em vídeos jogando futebol de salão, sugerindo cessar-fogo para inimigo, entre outras produções. Na manhã de 8 de outubro, quando este texto já estava em revisão, a imagem de Playboy voltou a bombar nas mídias. Desta vez, com o fim da sua carreira considerada charmosa para um foragido. E da sua vida. A polícia descobriu que ele havia agendado um encontro com um pai de santo na casa da namorada. Numa ação envolvendo a Delegacia de Repressão a Entorpecentes (DRE-Polícia Federal), a Coordenadoria de Recursos Especiais da Polícia (Core), a Inteligência da PM e da Polícia Federal, com oitenta homens, carros blindados e um helicóptero, o cerco foi armado. Segundo as informações oficiais, ele não se entregou. Tentou escapar. Num segundo confronto, foi atingido na perna e no peito. Levado com vida para o hospital, chegaria morto.

Na conversa filmada com Junior, ele já previa o pior:

> — Tenho medo de morrer, com certeza. Acho que todo ser humano quer viver, quer poder criar os filhos, entendeu? Quer poder ter vida. Ninguém quer morrer. Pensei

em poder sair disso tudo, poder ter uma vida melhor, poder ficar tranquilo, né? Poder dar tranquilidade para a família também, para os parentes. Porque nesta vida não é só a gente que fica apreensivo. As pessoas que amam a gente de verdade ficam apreensivas. Toda hora as pessoas falam que chegam ameaças. Que policiais falam que vão me pegar e me matar. Que eu posso me render e tudo que vou ser executado, entendeu? Acho isso uma injustiça.

Neste caso, é quase impossível não se lembrar da frase típica que assaltantes usam ao abordarem suas vítimas: "Perdeu, Playboy."

Para se medir o prestígio e força dele, temendo pela reação dos seus comandados, logo em seguida a polícia ocupou o Complexo da Pedreira, que não tem UPP. Igrejas evangélicas celebraram cultos em sua homenagem. Surgiram pichações de luto em muros da favela. Funks em sua homenagem foram postados nas redes sociais por seus colegas de crime. Num deles, a letra diz:

> A facção está de luto, ai, vou te dizer
> Ai, que saudade do Playboy,
> Nunca vou te esquecer
> Quem traiu vai pagar
> Quem traiu vai pagar
> Somos Amigos dos Amigos
> Somos a ADA.

Também circularam mensagens conclamando cada integrante do ADA a matar um policial "da reserva ou da ativa". Constatou-se que era uma gravação falsa de alguém querendo tumultuar ainda mais. Também pelas redes, a mãe de Playboy agradeceu à comunidade a solidariedade e, aos cantores religiosos, os lindos cânticos de louvor ao filho, dizendo que percebeu o quanto ele era amado. Pediu a Deus saúde e sabedoria para criar os netos, o último desejo do filho, mas fez questão de destacar que não fazia parte e não aprovava a escolha de vida dele. Assinando: MÃE.

Junior sabe que, durante essas negociações com criminosos foragidos, fica sob vigilância redobrada. Seus telefones e até mídias sociais são grampeados. No entanto, acha que não há risco de uma emboscada para prender o bandido durante os encontros:

> — Como eles vão me seguir? Eles podem ir até a entrada do morro. Como vão lá dentro, com um poderio bélico absurdo? Não tem como. Vão saber que eu entrei na favela tal. Até aí... mas, por outro lado, todos sabem onde esses caras ficam. Não é segredo para ninguém. Eu nunca encontrei nenhum bandido procurado que não estivesse na área que ele próprio dominava.

O AfroReggae não tem um acompanhamento preciso de quantos dos que se entregaram permanecem dentro da lei. Mas aposta que o índice de reincidência é bem baixo. Junior assegura que, se descobrir, vai ser o primeiro a denunciar:

> — A gente acompanha também. Se eles fizerem merda, a gente é que vai resolver. Já tivemos várias histórias. Uma vez, uma pessoa encaminhada por nós, que trabalhava como manobrista em um estacionamento, foi acusada de ter roubado o caixa e foi demitida. O

cara falou que não tinha feito isso. Depois que ele foi mandado embora, lembrou aos patrões que havia câmera no local e pediu para ver as imagens, sob pena de processar a empresa. As imagens mostraram que o ladrão tinha sido o cara que o acusou. Ele só não processou a empresa porque não deixamos. Arrumamos outro trabalho para ele depois. Tem muita história. O Luciano Huck era mal interpretado por algumas pessoas das classes populares no início do *Caldeirão*. Comecei a levá-lo para as favelas e, em determinado momento, para os presídios. Ele teve uma ideia de levar para o palco do *Caldeirão* uma pessoa que tivesse passado as últimas 24 horas presa. A gente não conseguia ninguém porque o cara não era liberado, coisa e tal. Coloquei muita pilha por um personagem ex-bandido. Chegamos ao Lulinha. Ele foi participar do "Agora ou nunca", no *Caldeirão do Huck*. Ficamos uma hora e quatro minutos no ar. Esse moleque bombou em um grau absurdo e foi o programa em que o Luciano bateu recorde, em 2011, acho. O Marcus Vinícius, do Comitê Olímpico Brasileiro, viu o programa. O Luciano perguntou ao Lulinha qual era o sonho dele, ele respondeu que era estudar educação física, e Marcus ligou oferecendo uma bolsa de educação física numa faculdade. Dei a notícia ao Lulinha, que ficou feliz, mas avisou que não tinha nem o ensino primário. Quando ele disse que o sonho dele era fazer educação física, subentenderam que ele tinha o ensino médio, mas não tinha nem o primário. Então, o que seria um grande presente virou uma frustração. Devolvi para o

Luciano, que devolveu para o Marcus, que, junto com o Nuzman, decidiu dar um emprego para ele. Até hoje ele é funcionário do Comitê Olímpico Brasileiro, e ano que vem será um dos bons exemplos apresentados nas Olimpíadas no Rio de Janeiro.

Com todos esses avanços, manter ex-marginais numa vida normal não é fácil:

O Diego quer tirar o passaporte e não consegue. Já mandei o caso para um delegado da Polícia Federal, que respondeu, mas ele só vai tirar porque é do Afro-Reggae. O JB ia para a Espanha, e não foi porque ficou com medo de viajar. Os caras aqui têm possibilidades. De fato, se eu parar para pensar, não vou fazer. Eu me deixo levar pela emoção e minto para mim. Faço muito isso. O nome da mente já é esse porque ela mente. Então, minto para mim o tempo todo. Falo que não é difícil, por exemplo. Minto para os garotos. Já falei para um cara que ele era talentoso sem ser e também para outro talentoso que ele não era. Acho que todas as contradições fazem parte, e estou acostumado a remar contra a maré. No dia que eu remar a favor virarei mais um e serei igual a todo mundo. Meu grande medo é um dia botar a camisa para dentro da calça, pentear o cabelo para trás e usar um brinco pequenininho. Não quero ser isso. Quero remar contra a maré, ter problemas... Gosto de briga, entendeu? Mesmo sabendo que ia me privar da minha liberdade ou de fazer certas coisas, como mandar uma pessoa que me aporrinha tomar no cu. Juro por Deus que eu queria fazer isso. Adoraria, mas hoje sou uma figura pública. Adoraria dar uma porrada em alguém. Sinto falta disso. Até daria soco numas pessoas metidas a bacana. Na hora ameaça sempre o vulcão e depois seria uma pica.

Aliás, nem todos os casos de ex-detentos têm um final feliz. Um dos capítulos mais trágicos da história da instituição e da sua vida pessoal acabou na morte de um ex-traficante que se transformara num de seus maiores amigos. E o que o perturbou ainda mais foi a desconfiança da possibilidade dessa tragédia ter sido planejada para atingi-lo.

Nascido e criado no Morro da Mangueira, Zona Norte do Rio, conhecido por abrigar a tradicional escola de samba, Francisco Testas Monteiro, o Tuchinha, entrou para o crime logo após o serviço militar. Montou uma oficina mecânica ao lado da Estação Primeira de Mangueira. Só que roubava carros e reformava os veículos para vender com margem de lucro muito maior do que o simples produto do roubo. Um belo dia, um tal de Moacir, ligado à boca de fumo do morro, comprou o fusquinha de uso pessoal de Tuchinha. Só que não honrou as prestações. Tuchinha cobrava e nada. Tuchinha então pediu a uma tia mais velha que fingisse estar passando mal, precisando de transporte com ur-gência para conseguir o carro emprestado. O golpe deu certo. Tomou o fusca de volta. Só que Moacir anunciou que, a partir daí, ele estava jurado de morte. Assim que soube, Tuchinha não ficou esperando: pegou dois revólveres guardados do falecido pai, foi na casa do desafiante e houve troca de tiros, no melhor estilo faroeste. Moacir ficou ferido, sentiu que o rival era barra-pesada e fugiu da Mangueira. Nunca mais voltou. Com esta fama de empreendedor, com iniciativa e bom de tiro, seu cunhado Ricardo Coração de Leão, homem forte do tráfico no morro, convidou Tuchinha para expandir seus negócios. Era para ampliar a rede de distribuição e melhorar os resultados. Oficialmente, virava um traficante. Isto em 1983. Apenas dois anos depois, já era o dono da Mangueira. Circulava com cantores e artistas, sempre cercado por mulheres bonitas, sendo um dos bandidos mais populares da década de 1980. Em 1989 foi preso quando comprava uma lancha no Iate Clube de Jurujuba, Niterói. Ficou preso até 2006, chegando a se casar dentro da Penitenciária Laércio Costa, do famoso complexo Bangu 1. Saiu em liberdade condicional e logo voltou para a criminalidade. Foi um dos autores do samba vencedor da Porto da Pedra no ano em que saiu da cadeia. "Preto e branco a cores" — enredo em homenagem à África do Sul. Dois anos depois, emplacou outro samba como coautor, "100 anos de frevo", então pela escola de seu coração, a verde e rosa. Soube que seria sequestrado pela polícia, em troca de resgate, e fugiu do estado. Foi preso em Aracaju, Sergipe, pela Polícia Federal. Ao todo, ficou 21 anos atrás das grades. No final de 2011, obteve a progressão de pena, de regime fechado para semiaberto, e entrou direto para o AfroReggae. Foi trabalhar justamente na área de convencimento a foragidos da Justiça para que se entregassem, dentro do projeto Segunda Chance — considerada a primeira agência de empregos do mundo dirigida e voltada por egressos do sistema penal. Logo no seu primeiro dia de liberdade, esteve com o governador Sérgio Cabral, durante uma visita à Unidade de Pronto Atendimento (UPA) em Bangu. O governador disse para ele que deveria honrar o crachá do AfroReggae. Na ocasião, falou ao jornal *O Globo*: "Nada paga o preço de saber que a minha família está em segurança. Poder andar tranquilo, sem ter a preocupação de que vai vir a polícia para me prender. Minha cabeça está tranquila."

Mas revelou ainda ter o temor de entrar de novo na mira da banda podre da polícia, mesmo depois de regenerado. Antes, ele escapara, mas um parente ainda no tráfico tinha acabado de ser sequestrado: "O perigo maior é eles [policiais] pensarem que eu tenho dinheiro para minerar [extorquir]. Já esqueci isso [o sequestro do parente]. Vida nova. O passado está enterrado."

Para ele, até ser compositor era fator de risco, um chamariz. E anunciou que também estava abandonando a carreira artística: "Fui preso porque estava no samba. Acabei ganhando as manchetes dos jornais. Agora, querem dizer que eu ganhei com o meu samba na Mangueira porque fiz pressão, pois era o cara. Se fosse assim, como é que eu ganhei na Porto da Pedra, em 2006, onde não conhecia ninguém? Um ano depois emplaquei na Mangueira, no Tuiuti e na Lins Imperial. Além disso, eu havia perdido outras três vezes, antes de 2007."

Na época, ele disse que sua missão era tirar seu irmão Alexander Mendes da Silva do tráfico. E foi bem-sucedido. Outro fora da lei entre os mais procurados, Polegar, acabou mesmo seguindo os passos do irmão e, algum tempo depois, tão logo deixou o presídio, anunciava oficialmente na sede do AfroReggae que não se considerava mais ligado a facção alguma e que estava deixando a vida de criminoso. O também ex-chefe do tráfico da Mangueira, no crime desde os 17 anos, fora preso no Paraguai. Cumpriu ao todo 17 anos de prisão, contando o tempo no Complexo Penitenciário de Gericinó, em Bangu, e os quase três anos no presídio federal de segurança máxima de Porto Velho, em Rondônia. Disse em entrevista: "Perdi minha juventude preso. É muita ostentação. Baile funk, mulher, dinheiro e a gente acaba não indo por outro caminho. Na realidade, é uma grande ilusão.

Quem vive ali acha que é o único meio de sobreviver. Eu sabia que, se não deixasse o crime, eu ia morrer ou acabar voltando para a cadeia. Não tinha opção. O crime dá um dinheiro que a gente não pode usar. O que adianta eu ter dinheiro para comprar um carro, se não posso sair da favela? Prefiro a liberdade, que é o bem mais precioso que tenho."

Segundo ele, foi a leitura que o fez aguentar tantos anos na prisão: "Se você não souber ler, você pira. Li muito. A cada quatro dias, lia um livro de quinhentas páginas. Aquele lugar (presídio federal) é uma clausura. Se não fossem os livros, teria enlouquecido", declara Polegar, que cita Dan Brown, Sidney Sheldon e Kim Collier como alguns de seus autores prediletos. [Trabalha até hoje no AfroReggae, como agente do projeto Segunda Chance.]

Já Tuchinha não pôde conviver com o irmão, os dois em liberdade e dentro da legalidade, por muito tempo. Em 2 de setembro de 2014, aos 50 anos, foi assassinado, um homicídio com todas as características de execução, quando deixava seu carro — um Land Rover Discovery avaliado nuns R$ 120 mil — para lavar. Foi morto com cinco tiros, calibres 40 e 45, disparados por dois homens numa motocicleta, em frente a um lava a jato na Rua da Prata, no Morro da Mangueira — já com uma UPP em funcionamento. Seus passos já estavam sendo seguidos há pelo menos seis horas, como a polícia descobriu na investigação. Em uma conversa no Facebook, um dos acusados pelo crime mostrou que vinha monitorando Tuchinha. Duas horas depois do homicídio, o mesmo homem comemorou o feito. As trocas de mensagens entre Alan Tomé da Silva Souza, o Palhacinho — que teve, com Erivaldo Pereira Miranda, conhecido como Lourival, a prisão preventiva decretada pela morte —, e integrantes da quadrilha foram interceptadas pela Divisão de Homicídios. Palhacinho contou a um amigo: "Ontem, os moleques foram na direção do THX (Tuchinha) aí no morro." O jovem ainda admitiu: "Eu estava vindo pro Engenho, escolhei ele de Hornet (moto) parando na quadra. Aí, passei a visão para os moleques." Por volta das quatro da tarde do mesmo dia, Palhacinho disse que viu a repercussão do caso na televisão e confessou o envolvimento na execução: "Acabou a família Monteiro. Tiramos uma coluna deles", escreveu o rapaz em conversa com comparsa. Principal suspeito, Palhacinho foi preso e os agentes acharam as mensagens no seu celular. Segundo os investigadores, ainda houve provas testemunhais.

Os dois seriam ligados ao traficante Jean Carlos Ramos Tomaz, o Beni. Este chefia uma quadrilha que, embora da mesma facção, tinha problemas com um bando do sobrinho de Tuchinha. Embora o ex-traficante não tivesse mesmo mais nenhuma ligação com o tráfico, segundo atestou a polícia, sua morte foi uma forma de atingir o sobrinho. No entanto, por estar num carro importado caro e, claro, pelo seu passado, surgiu a desconfiança de que, além do AfroReggae, voltara às atividades ilegais. Foi essa especulação que deixou Junior revoltado com os veículos de comunicação que assumiram essa tese. Até hoje não se conforma:

— Tuchinha, além do AfroReggae, tinha duas datas semanais (para o uso da quadra) dadas pelo presidente da Mangueira, o Chiquinho da Mangueira. Eles eram superamigos, e, quando o Chiquinho teve a ideia de criar a Vila Olímpica, lá atrás, quem colocou grana foi o Tuchinha. Quem me disse isso não foi o Tucha, mas o próprio Chiquinho, que nunca escondeu de ninguém. Se ele tinha duas datas semanais mais aluguéis de casas que a Justiça não tomou e tinha negócios lícitos, muitos assumidamente com pessoas que queriam ajudá-lo, eu não vejo problema. Se ele estivesse no crime e eu soubesse, mandaria ele embora e o denunciaria por ter nos usado.

Junior vs Bandidos; Junior vs Polícia; Junior vs Bandido & Polícia, o grande inferno na sua vida veio mesmo quando se aproximou de um pseudorreligioso. No princípio, até ele acreditou no pastor Marcos Pereira:

— Não fui iludido muito tempo, não. De fato existia uma intimidade, mas não era quantitativa, mas qualitativa. Não tinha muita proximidade com ele como as pessoas achavam, mas o pouco contato que tínhamos não representava o afeto que eu tinha por ele. Se em um ano eu o via dez vezes era muito. Só que eu tinha uma afinidade. Ele não enganou apenas a mim, mas o Estado. Ele teve papel fundamental nos dois governos, Rosinha e Garotinho. Ele era a referência de mediação deles. O que eu representei para o Sérgio Cabral ele representou para os dois. Então, ele me enganou, como enganou alguns membros da sua própria igreja e o seu maior discípulo, o pastor Rogério de Menezes. Não é que eu fui enganado. Um psicopata engana todo mundo. 171 também. Ele é os dois: psicopata e 171.

Encontrou-se com o pastor Marcos Pereira na igreja da Assembleia de Deus dos Últimos Dias em São João de Meriti, entre 2006 e 2007. O líder do AfroReggae foi muito incentivado pelo irmão do traficante, chefão do Comando Vermelho, Marcinho VP, Cristiano dos Santos. E estava mesmo curioso para conhecer o religioso, que tinha fama de ser o maior mediador de rebeliões de todos os tempos. Logo na primeira conversa, houve um estranhamento, que, curiosamente, acabou se transformando em simpatia:

> — A primeira coisa que ele fez foi julgar minha aparência. Eu estava com uma camiseta creme, bermuda quadriculada, e aí ele virou para mim e falou: "Já fui igual a você." Perguntei: "Igual a mim como?" Ele: "Já fumei maconha, cocaína, bebi, fumei cigarro..." Eu falei: "Então você não foi igual a mim, porque não experimentei nada."

Ele teve este impacto, mas houve uma afinidade muito grande. De cara, o pastor mostrou seu estilo e força:

> — E mandou chamar um ex-traficante que, mesmo sem conhecer, eu já tinha muita simpatia, que era o Feijão (o de Acari). O Feijão não estava de terno, mas com roupa bem de evangélico. Eu vi um cara com cara de assustado, com algum receio. Aí entra uma pessoa e fala: "Pastor, aquele cara tá ali." Ele: "Quem?" O cara: "Aquele que buliu com a irmã." O cara, devia ter uns 20 anos, entrou com pontos na testa que você via que não tinha nem 24 horas que tinham costurado, tudo vermelho. O pastor, então, perguntou o que houve. O cara: "Não ouvi o senhor, fui roubar moto, a polícia

me deu tiro, caí e consegui fugir." Ele olhava para o garoto e para mim, e, sem falar nada, deu um soco no peito do garoto. Com o murro, o moleque tirou os dois pés do chão e foi bater na parede. Ele falou que isso era para ele aprender a nunca mais desrespeitar as irmãs da igreja. Pediu para o garoto levantar. Quando ele se levantou, eu pensei que ele seria surrado ali. Ele colocou a mão na cabeça e orou o moleque, mandou ele trocar de roupa e ficar ataviado. Eles chamam botar a roupa de evangélico de ataviamento. Ele sorriu, abençoou o garoto, que subiu. Aquilo me chamou a atenção. Além do soco que ele deu, tinha o olhar que ele fazia. Comecei a entender esse personagem, não de maneira negativa. Pensei: "Esse cara usa a força de Deus... as forças do diabo e Deus são muito parecidas, que nem amor e ódio." Na verdade, essa energia que esse homem plasmava no universo, esse olhar... ele tinha vidência. Por exemplo, quando a minha mulher estava grávida, ele falou que ia nascer um homem. E o terceiro filho foi homem. Levando para o lado espiritual, sou uma pessoa extremamente religiosa e eclética. Não tenho uma religião só. Eu vi certa mediunidade ali, muito focada nas chamadas forças ocultas. Isso descobri depois. Ele tentava derrubar as pessoas. Ele tinha um ritual em que ele botava a mão na cabeça da pessoa, rodava e o fiel caía. Tinha um processo de sugestão e de autossugestão. Só que ele força, a pessoa cai porque perde o equilíbrio e ele diz que é o diabo. Tem todo um teatro ali. Comigo, ele me rodava e eu não caía. Mas passei a ter admiração por ele pela ousadia, pela valentia dele e por esse toque pseudodivino-espiritual, que descobri depois. Muitos traficantes falam muito bem dele também. Então pensei: "Se ele consegue dobrar esses caras que vendem uma coisa do mal e respeitam ele, é porque realmente tem uma coisa espiritual."

Passou um tempo e Feijão, temeroso, procurou Junior pedindo ajuda para afastar-se do pastor. Foi o primeiro sinal:

— O Feijão me disse que não aguentava mais ficar lá dentro. Este pedido dele me chocou profundamente porque eu achava que eles eram felizes. Era aquilo que me fazia ir àquele lugar. Tinha um culto no Complexo do Alemão e eu ia. Estive com ele pessoalmente trinta vezes na minha vida. Incluindo o evento no Theatro Municipal, em que ele estava entre os grandes homenageados do AfroReggae. A gente tinha mais intimidade pelo telefone. A gente se ligava muito. A coisa foi indo e a minha admiração só crescia.

O segundo sinal:

— Eu fui percebendo que ele tinha uma relação promíscua com as mulheres. Eu tolerava porque era sexo consentido. Ali não era estuprar, mas tinha uma coisa de falsa moral. Ele mantinha um relacionamento sexual com elas. Não me incomodava. Eu não era da igreja e não tenho aquele olhar ortodoxo-cristão. Eles têm um lugar que chamam de fazenda, mas é um sítio em Tinguá, Nova Iguaçu. Um dia eu dormi lá com a minha família e vi três ou quatro mulheres indo deitar com ele na cama. Não é que vi escondido. Estava aberto. Só vi que estavam deitadas, mas a porta fechou e fui para o meu quarto... com certeza rolava algo. Só que ninguém forçou nada. Aquilo, para mim, por mais que fosse um pastor, o máximo que poderia fazer seria um julgamento moral. Não tinha crime ali. Passou, começamos a ter cada vez mais intimidade e falamos algumas coisas um para o outro. Comecei a acompanhar algumas mediações. Aí, aparece o Rogério Menezes.

Rogério é o mesmo pastor que estaria com Junior na tomada do Morro do Alemão. E que hoje ele considera que era, na prática, o grande contato de Marcos Pereira nas negociações com criminosos:

— O pastor falava que ia tirar ou resgatar alguém do crime, mas ficava na igreja, e ia o pelotão de frente. Ele só chegava na boa. Quando ele aparecia todo mundo já estava esperando, o Rogério já tinha feito a cabeça de todos e ele só chegava para a foto.

Rogério está hoje no AfroReggae:

— O Rogério demonstrava ser a própria felicidade naquela igreja. Outra coisa que me chamava a atenção lá era a comida, porque ali era um lugar de engorda. Comia-se muito bem, mas depois descobri que era só ele, a cúpula e os convidados. Começou o processo de desencantamento. Um dia eu soube que o Rogério havia saído da igreja. Eu pedi pra ele tentar localizá-lo. Fiquei chocado! Eu liguei pra ele e ouvi um certo barulho e confusão sonora de rua. Ele estava com o carro quebrado e vendendo doces.

O tempo fecha:

— Perguntei por que ele não voltava para a igreja. Ele começa a chorar e conta que a esposa dele tinha sido abusada ao longo dos anos pelo pastor. A Zeneide Menezes (hoje também no AfroReggae) chegou na igreja com 16 para 17 anos e ficou lá uns 18 ou 19 anos. Quando ela contou isso eu não acreditei. Fiquei impactado e disse que ajudaria no que ele precisasse. No dia seguinte fui ao pastor. Falei: "Não sei nem como te contar isso, nem tenho coragem." Ele insistiu e eu disse que tinha estado com o Rogério e com a Zeneide. Aí, ele já saiu chamando de traidor e falso. Eu nem falei o que era. Disse que sabia que ele estava chateado, mas que o Rogério também estava. Detalhe: nunca tratei com mais respeito por ser uma pessoa mais velha. Sempre informalmente, como amigo, mas nessa hora o tratei com cerimônia. Não sabia como falar que a mulher tinha dito que ele a estuprou. E não falei. Também não o chamava de senhor, mas nesse dia chamei: "Ela contou que o senhor transou com ela, parece..." Não falei de estupro. Ele: "Ela veio com aquele bundão e comi o cu dela mesmo." Quando ele falou aquilo, eu tomei uma pancada. Eu sabia que ele comia as mulheres da igreja, mas não as casadas. E ela disse que foi estuprada. Ele falou: "Meti naquele cu dela. Ela é a maior piranha, vagabunda. Outra coisa: não se mete nesse negócio, não, porque o negócio não é contigo. Não ajuda ele em nada. Deixa ele se foder para lá." Ele nunca tinha falado palavrão. Ele perdeu a linha e saquei que era verdade.

Junior relata que, a partir desse dia, foi o pastor que deflagrou uma campanha para difamá-lo:

> — Começou a me depreciar nos cultos dele nas favelas, dizendo que tinham que olhar com mais atenção para mim, falava dos meus brincos e que o diabo estava perto de mim. Falava: "Vamos orar. Ô Juuuuunior... tira esse diabo de você." Então, o morador da favela começou a achar que eu tinha o diabo. Eu ainda falava com ele, que dizia: "Isso é brincadeira, meu filho." Porra nenhuma. O Rogério foi em uma favela e deram tiro de fuzil na direção dele. E o cara que deu tiro contou que o pastor disse que o Rogério era da inteligência da Secretaria de Segurança Pública. Ele negou. O Rogério teve mais problemas, eu mandei vários recados para o pastor, até que liguei para ele e falei: "Ô pilantra." Ele mandou nego ir ao Alemão dizer que o pessoal foi transferido para o presídio de Catanduvas, para onde ninguém quer ir, porque acertei isso com o Beltrame.

O programa *Conexões Urbanas* do AfroReggae, do canal Multishow, coincidentemente exibiu um episódio sobre a violência pela ótica da polícia e do narcotráfico. Na semana em que o programa estreou a segunda temporada, alguns traficantes foram transferidos para Catanduvas. O motivo teria sido a queda do helicóptero no Morro dos Macacos, abatido por bandidos. Junior afirma que o pastor levou o caso para o lado da briga pessoal e acusou o líder do AfroReggae de provocar a transferência dos criminosos. O cantor Waguinho, ex-vocalista da banda de pagode Os Morenos e membro da igreja dele, engrossou o coro contra Junior a mando do pastor.

— Eu conheci o Waguinho. Não era amigo, mas me dava muito bem. A gente se tratava com respeito. Hoje, não. O Waguinho foi em algumas favelas e espalhou que eu era da inteligência e responsável pela transferência... ou seja, me botou na bola para morrer. Aí, eu liguei para o pastor: "Eu sei que está grampeado, provavelmente também estou. Vou te falar por telefone: você é um pilantra, vagabundo, safado e vou te avisar... se acontecer alguma coisa com o Rogério eu vou te denunciar." Aí ele falou: "Que isso?" Ameacei ele. Disse que ia denunciá-lo assim que tivesse provas.

O pastor foi indiciado por estupro e investigado por lavagem de dinheiro e associação com o tráfico:

— As informações foram chegando aos poucos. 2012 foi uma época em que a gente tirou muitos do crime. Ele, com ciúme porque ninguém ia mais para a igreja. Ele tirava o cara do crime, mas pedia para ficar com 10% do dinheiro e dizia: "Fica tranquilo porque você dando 10% para o dízimo o resto está abençoado." Ele fez muita sacanagem. Tem pessoas que eram criminosas e contam que fizeram negócio com ele. Muita gente veio para cá, e ele começou a dizer que quem saiu do crime e veio para o AfroReggae era alemão, inimigo. Aí, essas pessoas passaram a viver em risco. Eu já estava aqui com o Tuchinha e o Gaúcho. O Tuchinha foi um grande ícone do crime e foi quem teve a vida transformada. Começou a vir a informação de planos para matar o Tuchinha e o Gaúcho porque eles foram os primeiros ex-criminosos da cúpula do Comando Vermelho que cumpriram a prisão semiaberta, indo e voltando. O CV não cumpre pena. Se o cara for para o semiaberto, ele sai e não volta mais. Eles tinham entrado para o AfroReggae e estavam cumprindo a pena. Havia planos para matá-los, e o pastor estava envolvido. Quando vi o risco de alguém morrer ali dentro, eu liguei para o Bruno Thys, do jornal *Extra*, porque eu sabia que ia ter um estardalhaço tremendo. Dei uma exclusiva e fiz a denúncia de planos para matar a gente, e o resto foi a investigação do jornal e da polícia. A gente está falando de um personagem que nunca tinha sido preso antes das denúncias que a gente fez. Ele foi extorquindo até a alma e pagou muita propina. Estou falando de milhões. Todo mundo sabia das sacanagens dele. É uma pessoa que sempre se envolveu. Comenta-se no meio policial que existe um grampo, no dia anterior à prisão dele, em 2013, uma conversa com um governador de Estado, que não era o Sérgio Cabral. Ele foi preso por estupro e saiu no dia 24 de dezembro de 2014. Ninguém sai nesse dia, mas ele saiu. Não quero ser leviano aqui, mas a gente sabe como a Justiça brasileira funciona... Ele saiu de maneira totalmente irregular.

Junior considera que Marcos Pereira é uma espécie de gênio do mal, conseguindo se articular com todas as facções inimigas. Para lavar dinheiro do crime, sua igreja era uma espécie de Banco Central sem distinção de quadrilha:

— O Comando Vermelho, se fosse uma holding, teria o presidente executivo, que é o Marcinho VP. O presidente do conselho seria o pastor Marcos. Muitos dos acontecimentos e dos ataques que tiveram no Rio de Janeiro, em 2002, 2006 e 2010, tudo passou por ele. Inclusive, ele teve a ideia, em 2006, no final do governo Rosinha, de juntar todas as facções para atacar o Rio. Ele fazia os planos mais terroristas possíveis, tipo explodir a ponte Rio-Niterói. Ele é tão psicopata que o Garotinho parou de atender os seus caprichos e o secretário da Administração Penitenciária do governo da Rosinha cortou as asas dele, virou inimigo. Ele tinha ligação com as três facções. A igreja dele era usada como um lugar do mal pra quem queria fazer sacanagem com o crime, política e mesmo entre as pessoas que se odiavam. Ali é uma Sodoma e Gomorra do crime e do mal. Ele é um líder espiritual, e isso é apartidário. Ele tinha relação boa com um cara do TCP, que é o Derico, que não tinha nada a ver com as sacanagens dele e saiu fora. Ele também tinha proximidade com o Nem da Rocinha, que era do ADA. A palavra dele era espiritual. Ele sempre foi o pastor do Marcinho VP, mas, em algum momento, ele foi suprafacção. Vou falar uma coisa aqui que pode parecer absurda, mas os traficantes mais midiáticos perto dele são estagiários. Eu o vejo como um gigolô de bandido. Ele promete o paraíso e coloca o cara, que já vive o inferno, no purgatório extremo.

Marcos Pereira também foi defendido publicamente pelo deputado e pastor Marco Feliciano (PSC-SP — ex-presidente da Comissão de Direitos Humanos da Câmara). Mas Junior acredita que este episódio não provocou um grande estrago em sua imagem junto à comunidade evangélica:

— Menos do que poderia ter causado. Por mais que eu não tenha estudado, eu me preparei muito ao longo dos anos pra chegar onde cheguei. Sempre foquei na ética e na honestidade. Eu nunca quis pegar atalhos. Ao atacar Marcos Pereira, o meu discurso sempre foi o de que ele não é pastor. Pastores são líderes espirituais sérios. Jamais ataquei o povo evangélico. Não há falas minhas dizendo que cristãos ou evangélicos eram isso ou aquilo. Nunca ataquei o bispo Edir Macedo, por exemplo. Nunca ataquei o Crivella, mesmo tendo feito campanha para o Pezão. Nunca ataquei religião nenhuma e nem a igreja dele. A questão é ele. Eu acho que tem gente séria na igreja. Não estou falando do conselho gestor, mas de membros. A fé das pessoas é algo sagrado. Ele planejou tudo isso que nos aconteceu por inveja, ciúme, recalque e porque ele é um psicopata.

Surgem novas denúncias e testemunhas de casos de estupro. Marcos Pereira acaba sendo condenado e preso, em maio de 2013, no Complexo Penitenciário de Gericinó, em Bangu, na Zona Oeste. A prisão do pastor coincide com o início dos ataques ao AfroReggae:

— O primeiro foi na corrida Desafio da Paz, que a gente fazia no Alemão, no mesmo trajeto que os traficantes fizeram fugindo para a Penha. Nossa corrida foi atacada e todas as emissoras estavam presentes. O Beltrame também estava lá. Ele ia correr. Depois eles tacaram fogo na nossa pousada. O AfroReggae foi expulso do Alemão.

A polícia e o Depen começam a interceptar cartas entre traficantes com mensagens cifradas dando a entender que planejavam a morte de Junior. O auge dessa escalada é a gravação autorizada da conversa por telefone, separados por um vidro, entre Marcinho VP e Fernandinho Beira-Mar no presídio em Catanduvas:

> Beira-Mar: O que eu penso, você saindo daqui para um estadual já é uma vitória, de lá você consegue ir para outro lugar igual o Baby. O Baby não, o Dinho está tentando ir para o Maranhão.
> Marcinho VP: Eu também estou com um "corre" no Maranhão, minha advogada está fazendo.
> Beira-Mar: O pastor Marcos não tem igreja lá?
> Marcinho VP: Tem. Teve um problema com ele lá agora, lá no Rio. Prenderam ele lá no Rio.
> (...)
> Marcinho VP: Vítima daquelas acusações levianas lá, que estava lá, do Junior. Compraram um montão de testemunhas para dar depoimento contra ele...
> Beira-Mar: Tipo assim, compraram, compraram é eufemismo, foi o Juninho que estava por trás disso, né. Tinha que mandar um "salve" lá para ele.

A expressão "salve", na linguagem dos bandidos, significaria ataque, represália. Os dois traficantes negam. Beira-Mar alega que não tem motivos para atacar Junior; Marcinho VP explica que o "salve" queria dizer mandar um alô, um recado para que Junior e o pastor parassem de brigar. O encontro entre os dois traficantes mereceu críticas, por aparentemente permitir que os chefões combinassem suas ações. Mas a versão da polícia é a de que foi promovido com o objetivo de conseguir a gravação. Beira-

-Mar foi criado na favela Beira-Mar, em Duque de Caxias. Pela sua ficha policial, aos 20 anos, foi preso por assalto e condenado a dois anos de prisão. Chegou a furtar armas pesadas do Exército e vendê-las para traficantes do Rio. Depois de cumprir pena, voltou para a Beira-Mar, e, aos 22 anos, já era um dos cabeças do tráfico local. Esteve foragido no Paraguai, com seu principal fornecedor de maconha, depois escapou para o Uruguai, e mais tarde teria se aliado às Forças Armadas Revolucionárias da Colômbia (as Farcs, guerrilha autodenominada revolucionária marxista-leninista e acusada pelos EUA de ser responsável por boa parte do suprimento mundial de cocaína). Acabou preso pelo exército colombiano e deportado para o Brasil.

Junior acha que Beira-Mar não tem nada pessoal contra ele. Um dos filhos de Beira-Mar uma época trabalhou no AfroReggae. Não continuou porque ficou com medo de ser sequestrado no trajeto. Depois dessa confusão, o filho e a irmã Alessandra passaram a frequentar mais o AfroReggae. Junior diz confiar em ambos. Parece então que hoje o grande inimigo de Junior é mesmo Márcio dos Santos Nepomuceno, o Marcinho VP. Um dos mandachuvas do Comando Vermelho, chefiava as bocas de fumo do Complexo do Alemão, também condenado por homicídio e formação de quadrilha. É o principal suspeito pela morte de Márcio Amaro de Oliveira, seu homônimo Marcinho VP, em 2003, chefe do tráfico da favela Santa Marta, em Botafogo, fonte do documentário *Notícias de uma guerra particular*, do cineasta João Moreira Salles, e famoso por garantir a segurança de Michael Jackson e da equipe de Spike Lee quando gravaram um videoclipe na sua favela. Mereceu uma biografia do jornalista Caco Barcellos. Ao Marcinho VP sobrevivente é também atribuída a nova onda de ataques no Rio, em novembro de 2010. VP nega que esteja planejando o assassinato de Junior e, segundo este, tem buscado contato e tenta formalizar sua inocência.

— Nunca vi na vida, mas sabia do respeito que ele tinha por mim. Ele foi preso com 19 para 20 anos. Está na cadeia há 18 anos. Nunca tive contato com ele, a não ser por cartas. Tenho uma dele aqui, inclusive dizendo que está limpo, mas eu não acredito. Não vou nem responder. Eu bati muito. Eles bateram e eu revidei. Tudo começou quando ele me pediu ajuda para sair do crime e tentei ajudá-lo. Só que como ele vai sair do crime se ele é a galinha dos ovos de ouro para muitas pessoas? Tem gente que não quer que ele saia do crime. Não estou falando só de polícia extorquindo, mas de gente muito próxima. Já tive dois encontros virtuais com ele em audiências, em que bati bastante nele, no sentido de falar duro. Tinha um telão, mas ele não podia falar e cochichava no ouvido do advogado, que falava por ele. Fui muito duro e vou dizer que tenho orgulho da minha dureza e da minha rigidez, porque eu acho que nesse país tão hipócrita, corrupto, sem moral, existem pessoas que têm a sua verdade, mesmo que não seja absoluta. Acho que o Brasil precisa de pessoas assim. Não quero me colocar como herói, mas falei para ele aquilo que muito juiz, delegado, policial, mãe gostaria de ter dito. Muitas famílias foram dilaceradas e inocentes perderam seus entes queridos por causa de certas verdades que não foram ditas ou denunciadas. Se me perguntarem se recebi alguma ameaça direta, vou responder que não recebi nenhuma. Só que descobri vários planos para me matar. Fui eu que mexi com o epicentro do poder do crime organizado do Rio de Janeiro. Então, na avaliação deles eu tenho que morrer. A vida é feita de opções. Eu fiz a minha, que é bater de frente e não vou desacelerar. O meu foco era esse pseudopastor, que é uma espécie *consigliere* do Comando Vermelho.

E é categórico:

— Não importa o quê: se me acontecer alguma coisa, os responsáveis são o pastor Marcos e o Marcinho VP. Os dois.

Mesmo sendo considerado por Marcinho VP como inimigo, com Junior ratificando sempre que, se algo lhe acontecer, terá sido por causa do traficante e de Marcos Pereira, a esposa de Marcinho, seus filhos e um de seus irmãos procuram Junior até hoje quando têm problemas. Recentemente, um dos filhos de Marcinho sofreu tentativa de sequestro e nada foi divulgado na imprensa. Junior foi acionado pela Márcia Gama (esposa do Márcio) e na mesma hora avisou as autoridades. Junior gosta dos filhos dele e o sentimento é recíproco. A esposa dele também gosta muito de Junior e tenta uma reaproximação. Junior disse que Márcio Nepomuceno foi induzido pelo pastor e é usado por ele através da fé e de outros interesses. O importante nessa história é que Junior quer demonstrar uma postura magnânima ao passar por cima de certos ressentimentos. Cita outro exemplo de seu estilo conciliador: durante a campanha presidencial passada, já apanhando pelo apoio a Aécio, soube de ações criminosas que estavam sendo orquestradas para atingir o governo federal. Foi lá e deu um jeito.

Mesmo com a polícia tendo concluído por outro caminho, ainda acredita que ambos estavam por trás do plano para matar seu amigo Tuchinha, uma perda que ele não se cansa de relembrar:

— Sou um pouco pai para as pessoas que estão aqui, sendo do crime ou não. Cobro muito delas e a relação é pessoal, mas sou o líder. Quem manda sou eu. O Tuchinha me respeitava muito, mas cometeu um erro: voltar a morar na favela. Ele tinha um vínculo afetivo muito grande com a Mangueira. Tem uma coisa que a gente não pode negar: por mais que ele não fosse mais o rei do tráfico, ainda mantinha uma certa majestade. É inegável o glamour que tinha. Ele, de maneira muito inteligente, conseguiu fazer algumas articulações e não dependia só do dinheiro que ganhava no AfroReggae. As pessoas perguntam: "Como um cara assalariado tinha uma Land Rover?" Muito simples: com o dinheiro dos eventos na Mangueira. Quem trabalha no meio sabe que um show pode render de 5 a 40 mil reais em um dia. Parece que também era ele quem vendia energético na quadra. O preço era dele. Isso não é com o Tuchinha. É em qualquer quadra. Tem preço e gente que administra. Ala de carnaval, por exemplo, tem cara que vende as fantasias e ganha. Eu não sou do meio do carnaval, mas sei minimamente como funciona. Ele tinha essas datas e as repassou para um produtor, que pagava um percentual para ele. Não acredito que ele ganhasse menos de 5 mil por evento. Várias vezes fui parado em Congonhas, no Santos Dumont, no Shopping Leblon, no Fashion Mall ou numa rua do Centro ou subúrbio por pessoas me dando parabéns por ter apoiado o Francisco. Os amigos dele só chamavam de Francisco, e não de Tuchinha. Ele tinha essa coisa, ganhava grana e trabalhava no AfroReggae. Uma vez empreendedor, para sempre empreendedor. Se antes fazia o mal, aprendeu a trabalhar fazendo o bem. Acho até que era o lugar onde ele menos ganhava. Estava sempre metido em algum tipo de negociação lícita, pelo menos as que chegavam para mim. Recebi informações muito precisas sobre as motivações da morte dele, que tinha sido pré-planejada. Também tem essa coisa da bronca. O Comando Vermelho é uma facção diferente das outras. Hoje um determinado personagem é o herói. Pode ser que depois de amanhã ele vire o maior inimigo da facção. É assim que funcionam: um matando o outro. Por mais que o Tuchinha não estivesse mais no CV, havia certa bronca dele. Para piorar, o irmão dele largou o crime e veio para o AfroReggae. O CV decidiu que tinha que dar a favela para uma pessoa, mas o tráfico resolveu dar para outra, parente dos irmãos. O tráfico de drogas na Mangueira tem um histórico familiar. Passa de um parente para o outro. Ele deu continuidade à sua saga e gerou várias confusões, até que o Tuchinha veio a ser assassinado. Quando ele chegou no AfroReggae, para o semiaberto, e ficou indo e voltando, surgiram várias histórias de que ele seria morto. Muito tinha da mão do Marcos Pereira. Havia todo um envolvimento do que eles chamam de vacilação. Essa dele estar na favela ostentando. Tem coisas que me falaram que o Marcos Pereira fez que acho que ele não fez. Não é tudo culpa dele. Acho que não é mesmo. Eu não vou acusá-lo daquilo que ele não fez. Agora, esse cara que matou o Tuchinha... Não tinha motivação própria para matar. Mas existem pessoas que mandam nele e encomendaram o assassinato. Infelizmente eu perdi um grande amigo, aliado, uma pessoa que eu amava de verdade, parceiro, amigo, leal. Menos de trinta dias antes da sua morte, Tuchinha foi arrolado como testemunha de defesa do Marcinho no processo aos ataques ao AfroReggae. Aquilo foi uma espécie de coação. Como ele poderia ser testemunha de defesa? Dentro do fórum, ele perguntou de maneira firme para o advogado do Marcinho por que tinha sido arrolado. Ele disse claramente que não iria mentir para o juiz e se comprometer porque hoje a vida dele era outra. Durante a audiência falei para o juiz que se algo acontecesse com o Tuchinha e com o Gaúcho quem tinha mandado matá-los era o pseudopastor e o Marcinho. Menos de trinta dias depois o Tuchinha foi morto.

Durante todo o processo, a defesa do pastor Marcos Pereira tem alegado que não há prova concreta das acusações contra ele, que as denúncias de Junior foram fabricadas por conta do desentendimento entre os dois, que os casos são baseados apenas em testemunhos de pessoas que trabalham no AfroReggae.

— Não vou citar os nomes, mas basta ver quantas pessoas foram depor contra ele e quantas estão no Afro-Reggae. As três que trabalham conosco eram membros da igreja dele e todas temem ser assassinadas. Depois das acusações.

Os defensores do pastor alegam também que ele é vítima de preconceito e perseguição pela imprensa. "É uma injustiça porque não tem nenhuma prova no processo" — disse o advogado do pastor, Marcelo Patrício, no dia do julgamento. E também achou absurdo o tempo de prisão imposto para réu primário.

O fato é que, no dia 24 de dezembro de 2014, o líder da Assembleia de Deus dos Últimos Dias foi colocado em liberdade graças a um *habeas corpus* com respaldo do Supremo Tribunal Federal. Ficou preso um ano e oito meses; pela condenação original, sua pena seria de 15 anos.

Com ele agora solto, o risco aumenta?

> — Ele exerce o tripé mais perigoso que existe: religião, política e crime organizado. Representa o que existe de pior e tem se articulado para nos prejudicar. Ao mesmo tempo, a força que ele tinha também não é a mesma.

Nesse clima permanente de tensão, algumas vezes seu costumeiro recurso à religiosidade, à intensa atividade física (continua gostando de correr, como fazia na juventude pelas ruas) e às sessões de mentalização não basta. Como não consome nem drogas lícitas, incluindo remédios corriqueiros, inventou um método bem heterodoxo para fugir da realidade: febre.

> — Às vezes, preciso ficar dopado, mas tenho a minha maneira. Tenho alucinações quando tenho febre. Quando sinto falta de beber uísque, que nunca bebi, provoco febre. E ela vem muito alta. As pessoas precisam relaxar.

Para conseguir isso, acelera o estado febril. Naturalmente possui imunidade baixa e é muito alérgico, então cheira poeira. Explicando melhor, por exemplo, propositalmente vai arrumar roupa velha guardada em gaveta. Logo começa a espirrar e, se não toma rapidamente um antialérgico, em pouco tempo a temperatura sobe:

— Sou refém de mim mesmo e não posso fazer certas coisas que as pessoas fazem naturalmente. Se alguém me der uma fechada, não posso abrir o vidro e xingar. Sou uma figura pública que vende uma temática social. Não posso frequentar locais onde as pessoas relaxam ou buscam criatividade. Então, tenho que ter a minha maneira, que é essa. Quando não consigo relaxar e chego ao meu limite, busco a febre. É um negócio incrível para mim. Não consigo ficar sem. Preciso ter, pelo menos, quatro vezes por ano. Este ano eu tive bastante.

Além de válvula de escape, também funciona como ferramenta de criação:

— Quando estou com dificuldade de criar e dou um jeito de ficar febril, eu crio. Aí, vem a ideia. É como se baixasse um programa. A febre me faz muito bem. Deliro profundamente. A febre me traz criatividade e disciplina. As pessoas ficam muito assustadas quando me veem assim. Dizem que viro outra pessoa, como se estivesse drogado. Não lembro de nada. Das poucas recordações que tenho, já me vi fora do meu corpo.

Segundo relata, quando volta ao normal, apaga tudo, menos os projetos que surgem durante a alucinação:

— O que interessa fica. Pronto. Como se fosse um filme. A Pepsico me pediu para pensar uma campanha para eles, no final de 2013. Eu adorava as campanhas da Pepsi com o Michael Jackson. Os principais artistas negros tinham o apoio da Pepsi. Comecei a ver umas coisas do Michael Jackson e provoquei febre. Veio uma ideia musical que ajudou bastante na campanha. Na hora falei com um pessoal do AfroReggae e pegamos uma melodia do Claudinho e Buchecha. A Pepsico ficou supersatisfeita. Foi a campanha "Junta, que dá". Foi incrível, bom para cacete. É isso. Preciso, às vezes. Geralmente, tenho ideias sem ter febre, mas, às vezes, não consigo, estou travado e preciso de criatividade, então provoco.

A pessoa pode ter alucinação com febre alta porque o aquecimento do organismo acaba por alterar o metabolismo e a produção de substâncias como a endorfina, responsável pelo estado de euforia, e de outros neurotransmissores como a serotonina, ligada à sensação de bem-estar. Semelhante ao que acontece quando se faz muito exercício físico. Também acelera a respiração, os batimentos cardíacos (para cada grau elevado há um aumento de quinze batimentos por minuto), o que provoca maior gasto de energia e, consequentemente, estado de torpor. Médicos ouvidos ponderam que o elemento autossugestão pode ter um efeito decisivo nesse processo. O que interessa, porém, é que febre é a sua droga pesada. Também criou um método novo de mentalização em que vira uma espécie de bombeiro hidráulico da mente:

— Imagino uma tubulação gigantesca, como se fosse de Camboinhas a Bangu, toda furada e enferrujada. No meu exercício mental, eu vou vedando os buracos e tirando a ferrugem. A bica que ficava na ponta, mesmo com a torneira aberta, pingava. Eu vou resolvendo tudo. Às vezes, demoro até oito horas fazendo esse exercício mental sozinho. Ninguém nunca me ensinou a fazer isso. Pode ser dentro do carro, em qualquer lugar. Demora até oito horas, mas não significa que seja direto. Por exemplo, faço duas horas e paro num ponto. Quando eu voltar, daqui a cinco minutos ou cinco dias, o ponto está registrado, sigo dali.

Para ter noção da empreitada mental, Bangu fica a uns 60 quilômetros de Camboinhas. Sem trânsito, uma hora e meia de carro. No final, da bica que antes pingava sairá uma verdadeira cachoeira. Descobriu que a baixa imunidade tem duas origens. A garganta, foco de repetidas infecções. E o nariz, que tem um canal entupido. Praticamente respira por uma narina só. Bom, o nariz ele quebrou naquela briga em 1989.

Garganta e nariz, duas coisas previsíveis: em ambos os casos a recomendação é cirúrgica e, claro, se recusou a fazer. O seu prontuário médico não teve nada de muito grave, mas foi bem recheado. A sinovite, que permitiu escapar das Forças Armadas, teve uma fase aguda, ainda quando menino, fazendo com que engessasse a perna de seis em seis meses. Antes disso, aos 8 anos, quebrou o pé pulando de uma laje. Em 1988, sofreu um acidente que também deixou sequela:

— Eu estava com o mesmo amigo da briga do nariz. O nome dele era Mário, mas eu chamava de "Mário Lúcio", por causa do Lúcio Flávio, porque ele lembrava o bandido famoso dos anos 1970 (assaltante de banco, chegou a ser o criminoso mais procurado do país famoso pela frase "Bandido é bandido, polícia é polícia, como a água e o azeite, não se misturam", para rebater aliança entre criminosos e maus policiais). Ele me chamava de Rocky Junior, por causa do filme do Sylvester Stallone. Eu já tinha moto, mas estava de bicicleta, descendo pela calçada na contramão da Rua do Riachuelo. Veio um carro e atropelamos ele, com o meu joelho, que já era bichado, entrando na porta do carro. Fui ejetado, fiquei caído no chão. Com a perna espirrando sangue. Eu morrendo de dor, e o dono do carro perguntando quem iria pagar o prejuízo. Eu xinguei, mas não tinha a menor condição de fazer nada porque estava estirado no chão. O Mário saiu desesperado para pedir ajuda e eu pedi pra ele avisar a minha mãe. Para minha surpresa chegou um cara, me pegou, botou no carro dele e me largou na porta do Hospital Souza Aguiar. Ele disse que não poderia entrar comigo. Falei que não queria ser atendido ali. Muitas pessoas que eu conheci morreram naquele hospital. Na época, o hospital tinha fama de açougue. Esperei minha mãe chegar, para ir para o extinto Inamps de Ipanema, onde ela trabalhava. O médico foi logo perguntando se tinha tomado um tiro. Fui muito mal tratado.

Diante de um diagnóstico pessimista — o médico foi categórico ao afirmar que nunca mais conseguiria dobrar o joelho —, buscou, preferencialmente, como sempre, solução fora dos anais da medicina:

— Fiquei com a perna dura durante quarenta dias. No princípio foi difícil, mas resolvi aceitar. Eu namorava uma menina chamada Renata, e a avó dela, dona Rita Martins Dias, era uma rezadeira: "Meu filho, vou fazer uma coisa que eu não gosto e prometi ao meu falecido esposo que não faria mais." Saiu do Espírito Santo fugida porque as pessoas queriam quase que canonizá-la. Ela acabou de rezar a minha perna e pediu: "Quando eu falar 'torço', você fala 'contorço'; quando eu falar 'contorço', você fala 'torço'." No final, quando ela falou "amém", a minha perna dobrou sozinha. Cinco dias depois estava curado, andando e depois correndo normalmente. Incrível. Foi quando eu comecei a fazer essas conexões espirituais, astrais e mentais, com meta e foco. Eu faço muitos exercícios mentais. Misturo meta com espiritualidade. Tem funcionado.

Em 2002, teve uma ziquizira, achou que estava morrendo. Mesmo esta situação, para variar, virou uma experiência alucinógena. Com doses de tumulto:

— Eu tinha acabado de voltar da Itália, fiquei lá uma semana. Comi para caramba enquanto estava lá. Eu chego e começa um mal-estar, um troço no peito, o estresse foi ficando muito grande porque a sensação era de que estava em processo de infarto. Fui parar numa clínica em Laranjeiras. Cheguei lá e apareceu um maluco que confirmou que eu estava infartando. Aquele pânico. Me levaram voando para o CTI. Foi muito louco, porque já foram furando a minha veia, me dando aquele remédio para botar embaixo da língua. Também me deram um diazepam. Eu tentei falar para não me darem porque comigo dava efeito contrário. Mesmo assim, naquela confusão, injetaram o calmante. Só sei que depois dessa parada fiquei muito doidão, muito ligado. Lembro que vi uma mosca voando dentro do CTI. De repente, ela veio na minha direção, ficou muito próxima, me olhando. Eu via em detalhes as asas dela batendo, via os olhos dela. Foi uma foda. Fiquei tão alucinado que arranquei o soro. Foi uma confusão do caralho. Veio segurança, começamos a discutir. Quase quebrei a clínica, os seguranças conseguiram me segurar. Teve que chegar um outro médico para me acalmar. Eu tinha avisado, e falei repetidas vezes, que não deveriam ter me dado o diazepam. O que eu conhecia, o outro médico, que não era da clínica. Falei para o cara me tirar de lá, senão eu iria fugir. Todos garantiam que eu estava em processo de infarto, mas assinei uma autorização e fui embora, na maior. Fui fazer um ecocardiograma, uns dois ou três dias depois, em uma clínica especializada em cardiologia, e deu que o coração estava direito, não houve nada. Mas a impressão que eu tinha, quando cheguei lá, era que realmente eu estava com alguma coisa grave no peito.

Bom em articulação, na base da palavra, definitivamente não tem a mesma sorte quando ela é muscular. Em 2008, do nada, durante mais de um mês, passou a ter dificuldade de se mexer, dores por quase todas as juntas. Teve que recorrer a remédio, aquecimento e acupuntura para se levantar da cama. Acabou identificando que o foco era um canal dentário mal tratado. Foi ao dentista e ficou curado. Em 2012, depois das denúncias contra o pastor Marcos

Pereira, no auge das ameaças de morte, o corpo não aguentou a pressão. Foi um desarranjo geral: lesões nos dois tornozelos, nos dois joelhos, na lombar, no pulso direito, no ombro esquerdo, na clavícula e até na mandíbula. Ficou um caco, e seu fisioterapeuta, Ricardo Kelly — outro endeusado por ele —, praticamente foi à sua casa todos os dias, até botar tudo nos devidos lugares. De acordo com Kelly, Junior vivia uma situação com nível de estresse fortíssimo e, sem causa física, seu corpo começou a dar sinais de falência, com lesões em inúmeras regiões. Não bastasse esta maré brava, numa brincadeira com o pai, sem querer, Krsna enfiou o dedo no seu olho e, com a unha, arranhou a córnea. Veio uma baita inflamação, que acabou passando para o outro olho. Ficou quase dois dias sem enxergar. Para piorar, emendou com uma conjuntivite nível máximo:

> — Fiquei semanas muito fodido. Já tinha sensibilidade à claridade há muito tempo, passei a usar óculos escuros direto. Tem madrugadas que acordo como se alguém estivesse enfiando um canivete no meu olho. E nessas horas geralmente cai uma lágrima tão densa que até parece gota de mercúrio de termômetro, dura e pesada.

Nos últimos meses, uma antiga mazela voltou a assombrar. A recaída aconteceu justamente num momento de grande religiosidade, quando se sente mais à vontade e protegido.

Shivaísta militante, oficialmente Junior é católico, mas se considera eclético. Com direito a batismo na Paróquia Nossa Senhora da Paz, em Recife, tendo os avós paternos — Zacarias e Amélia — como padrinhos. No cristianismo, se declara devoto de Nossa Senhora de Fátima. No entanto, as únicas missas que de vez em quando participa na igreja com o nome da santa são as dedicadas a São Miguel Arcanjo, de quem um tempo pra cá também se considera devoto. A predileção não é à toa. De novo, a vocação de Junior para juntar paz e guerra. Com sua espada de fogo azul flamejante, São Miguel é o príncipe da milícia dos anjos. Uma espécie de comandante do Bope de Deus. Chefe e mensageiro divino. Está presente nas doutrinas religiosas cristãs, judaicas e islâmicas. O culto é mesmo impressionante. Mais parece uma convocação para batalha. É realizado uma vez por mês, ao meio-dia e às 19h, pelo padre João Cláudio, na Igreja de Fátima, também em Niterói. Em cada missa, até quatro mil fiéis se espremem dentro e fora da igreja, num clima apoteótico. A água benta vem em baldes com sal grosso e não é aspergida, como de praxe. É praticamente um banho, com os religiosos usando pequenas vassouras para molhar os fiéis. Os pedidos nas preces e homilias, que não são sussurradas e contritas, não são por paz de espírito. São para que a alma se incendeie para destruir os espíritos do mal. Que se abram covas contra os inimigos do exército dos bons. Na sua pregação, o padre brande e bate vigorosamente no chão com o cajado de metal com o crucifixo na ponta. Algumas vezes, em vez da cruz, ele usa uma espada de verdade, consagrada. E foi na emoção da missa que, no dia 29 de janeiro de 2015, Junior viu que sua aposta na fé pode não resolver todos os seus problemas. Ao menos de forma definitiva. No meio da celebração, ao se ajoelhar para a reza, uma forte pontada provocou uma expressão de dor. Desde jovem, um dos seus prazeres é correr. Tanto como exercício quanto para alcançar metas. Quando o trabalho deixava esse tempo disponível, geralmente entre meio-dia e cinco da tarde, às segundas, quartas e sextas, corria da Central do Brasil, do Campo de Santana, até a entrada do Cristo Redentor. Uns doze quilômetros, com subidas puxadas. Até a base, no alto das Paineiras. Nas terças, quintas e sábados, "para relaxar", corria, ao meio-dia, sol a pino, do Leme ao Leblon. Ida e volta. Mais ou menos os mesmos doze quilômetros. Na areia. Mesmo sob calor escaldante, o circuito da praia não desgastava tanto quanto correr até o Corcovado:

— Minha motivação era chegar e planejar a minha vida. Eu tinha sonhos, por exemplo, de vender sanduíche natural. Era o modismo, inclusive nas novelas. Enquanto corria, a minha mente criava campos magnéticos. Eu inventava coisas para me motivar a fazer. Quando chegava ao Cristo a minha meta era voltar e fazer cinco mil abdominais. Eu treinava na Academia Santa Rosa, de boxe. Sempre fui muito ligado em exercício físico, mexe com meu corpo e a minha cabeça. Vez ou outra também ia no Santa Luzia, um clube supertradicional, que só pagava quem queria. Pagando ou não, ninguém era barrado. Cheguei a pagar, depois parei. Minha mãe nunca me deixou faltar nada, mas chegou uma época em que eu tinha vergonha de pedir as coisas para ela. Então eu ia numa de puxar um ferro e na outra batia em saco e chegava a fazer mesmo milhares de abdominais.

Nos intervalos entre um trabalho e outro e, principalmente, nas fases de desemprego, malhar virava uma obsessão. Mesmo depois de estabelecido, nunca descuidou do físico, até surgir um grande problema ortopédico — o mesmo que voltou a incomodar na missa. Um dos planos de Junior é percorrer e produzir um documentário sobre o Caminho de Abraão a convite do empresário Alexandre Chade e do diretor de mediação de conflitos da universidade de Harvard, William Uri. Há variantes de tamanho e de países a serem atravessados. O circuito básico parte das ruínas de Harran, na Turquia, até o túmulo do profeta em Hebron, no sudoeste da Cisjordânia, chegando a um total de 1.200 quilômetros. Repetir a peregrinação de Abraão e sua família na busca da terra prometida reúne, como ele gosta, simbolismos do cristianismo, islamismo e judaísmo. É preciso estar bem em forma para essa baita maratona. Resolveu aproveitar os superatletas do Bope da sua segurança para se preparar para esse desafio, e passaram a correr juntos diariamente. Tanto perto de casa como em montanhas da cidade. Um belo dia, no começo de 2014, teve que interromper uma subida por conta de uma dor fortíssima que achou ser de origem muscular, na coxa. O mal-estar agudo desapareceu por alguns dias; no entanto, voltou com maior intensidade, e ainda passou a aos dois lados. Resultado: necrose na cabeça dos dois fêmures:

— Teve um dia que eu não consegui levantar da cama. Tem risco de fratura. Fui levantar e achei que ia quebrar tudo. Sentei de novo. Estalou muito. Eu não conseguia pisar. Fui para o banheiro de quatro.

Passou pelos melhores especialistas do Rio. A recomendação foi unânime: cortar o pedaço ruim e colocar prótese. Não teve médico capaz de convencer o bravo Junior a operar. De jeito algum. Mesmo com a advertência de que, mais cedo ou mais tarde, seria inevitável:

— Enrolei. Se eu morrer, beleza. O medo é ficar aleijado. Medo, não. Receio. Meus medos são outros.

Mais uma vez acionou o seu fisioterapeuta e amigo, Ricardo Kelly, que, de maneira enfática, perguntou: "Você quer operar?" Junior disse que não. Ricardo, que também é uma espécie de psicólogo, pediu ao amigo-paciente para confiar nele, mas teria que mudar uma série de coisas na vida. Uma delas é o tipo de tênis, perder peso e fazer fortalecimento muscular para sempre. Ricardo dizia que o problema de Junior não era somente a necrose, mas a pisada. A forma como ele estava caminhando e virando o pé. Junior misturou o tratamento fisioterápico com o energético. Achou por bem, mais uma vez, buscar a cura por caminho heterodoxo. E místico, óbvio. O astrólogo André Porto revelou que tinha uns gurus, Mukti, e a mulher, Prema, fundadores de uma comunidade mística em Alto Paraíso, Goiás, e que mantém o Museu do Futuro, entre Teresópolis e Friburgo. Neste lugar, Junior acreditou que acharia sua cura. Era num endereço difícil de ser encontrado:

— Como eu iria até lá? Porque eu só ando com escolta grande. Então, fui eu com dois policiais do Bope e da Core atrás. Pegamos o caminho errado. Era para estar lá uma hora da tarde e estacionamos às nove da noite. Chegando ao lugar, eu estava muito mal porque fiquei muitas horas dentro do carro e não conseguia sair direito. Tinha que subir uma escada bastante grande e íngreme. Fui me arrastando e cheguei. Parece que você está em outro planeta. Sabe a tragédia da Serra (enchentes e desabamentos que atingiram a região serrana do Rio de Janeiro em janeiro de 2011)? Foi o único lugar que a chuvarada pulou, não foi atingido. É sagrado e tem uma energia muito forte. Entrei numa cúpula. Quando você coloca o pé, sua voz fica tipo Dolby Surround Estéreo, no volume 34, alto pra caramba. Mas nisso não tem nada de espiritual, não. É a arquitetura, eles mesmos explicam. São uma mistura de cientistas com energização e espiritualidade. Tudo deles é física quântica e energia. O fato é que foi só entrar e a dor sumiu na hora. Pude até correr. Não tem papo de milagre, nada disso. É energia. Foram sete sessões, sete dias. Ela se despediu dizendo "Você não vai operar".

Perto do local onde fez a terapia energética tem uma gruta com a imagem da mesma Nossa Senhora de Fátima. Passou a visitar:

— Quando me mudei de Bonsucesso para o Centro, meu apartamento era de fundos e dava de frente para a igreja de Nossa Senhora de Fátima. Cresci frequentando essa igreja. Foi até um presságio.

Passado algum tempo de fisioterapia e de tratamento espiritual, os exames foram refeitos e a necrose, segundo garante, desapareceu. O resultado saiu no dia 13 de maio, dia de Nossa Senhora de Fátima. Durante a recuperação, Junior ficou inativo e engordou 18 quilos. Para uma pessoa vaidosa como ele, provocou uma depressão:

— Fiquei puto. Ainda mais porque, por segurança, eu já não podia sair muito de casa.

Nesta fase mais aguda, tanto o ministro da Justiça, José Eduardo Cardozo, quanto o secretário Beltrame aconselharam pessoalmente Junior a sair do Brasil, bancado pelo governo. Eles tinham informação de que o risco de um atentado nunca fora tão grande. Junior resolveu bancar e ficar. Sua justificativa é que, na ausência dele, certamente matariam amigos ou parentes para atingi-lo. Mas a cabeça ficou um lixo, e sua estratégia era não pensar:

— Eu acho que esse lance do fêmur é porque vem o impacto, fica a sequela. Você acaba somatizando. O AfroReggae é atacado, meu pai morre no dia 11 de julho, minha filha nasce, enterro meu pai. Teve um dia que não aguentei mais e dispensei a escolta policial. Era muita pressão. Mas ainda deixaram dois caras do Bope 24 horas comigo aqui.

Com muita fisioterapia pesada e perdendo os quilos que ganhou no sedentarismo obrigatório, exames zerados, Junior comemorava que, 8 meses depois da primeira crise, a doença no fêmur estava aparentemente superada. Além de ter que voltar à medicina tradicional, tenta agora entender por que foi exatamente numa paróquia de Nossa Senhora de Fátima, numa missa de São Miguel Arcanjo, ao se ajoelhar para rezar, que a terrível dor voltou. Junior abandonou o culto antes do final. Voltou o risco de ter mesmo que se submeter a uma cirurgia complicada. Foi nesse dia, no altar da igreja, que recebeu a ligação do traficante Playboy, e foi ao seu encontro, mesmo naquele estado.

No capítulo cuidar do corpo e da cabeça, um festival de manias:

— Sou tão supersticioso que todas as vezes que saio dessa bênção, que é o jeito como ando, me visto, me paramento, acontece alguma coisa. Por exemplo, já raspei minha barba, mas ninguém me viu porque fiquei quatro dias sumido. Não acho bom me verem barbeado. Existe uma indumentária e um processo em que não posso mexer. Não posso deixar de ser careca porque acontece alguma coisa quando meu cabelo cresce. Eu tinha cabelo para trás, ele fica assim quando cresce. Se eu tirar a barba dá alguma coisa errada.

Em tem mais:

— Barba rente, cabelo raspado, unha curta e polida, não pode ter chinelo virado com a sola para cima. Vou lá e desviro. Sapato amarrado sem pé também não rola perto de mim. Se eu chegar na academia, entrar no vestiário e tiver uma porrada de tênis e sapatos amarrados sem pés vou desamarrar um por um ou vou sair dali rapidinho. Não posso ficar, porque isso me aflige muito. Se não der para sair e tiver que ficar, vai ser de olho fechado. Eu sei que é muito louco, mas tenho essa mania desde criança.

Esquisitices também no ar:

— Se eu estiver no avião e uma daquelas mesinhas estiver naquela posição fechada com a tranca reta, não consigo viajar. Chego no cara do lado, peço licença e acerto a mesa. Se a pessoa ensebar e insistir em deixar na posição, eu tento sentar em outro lugar, mas isso nunca ocorreu. Se for preciso eu vou mediar. Se não funcionar, boto terror na pessoa: "Tô sentindo que vai cair o avião." Brincadeira, não faria isso.

O cardápio também não poderia ficar de fora de suas idiossincrasias:

> — Eu tenho ojeriza, quase ódio de queijo. Pensando bem, odeio mesmo. Se me derem um pastel, a primeira coisa que vou perguntar é se tem queijo. Se você responder que não, vou querer saber se não tem com certeza. Se eu morder e tiver, não sei o que faço. Acho que posso vomitar ou ir embora. Minha mãe falou que eu era assim desde bebê. Mas tomo iogurte e bebo leite. Sei lá o motivo, mas meu negócio é bronca com manteiga, margarina, queijo, requeijão e ricota. Hoje estou um pouco mais calmo com isso, mas continuo não comendo. Uma coisa que me tira muito do sério é queijo. Sinto ódio, e acho que é uma coisa cármica.

No relacionamento com outros seres humanos, é justamente o riso que tira Junior do sério:

> — O riso debochado que me incomoda é quando vem de uma pessoa que aparenta superioridade. Não vou admitir.

Como era de esperar, acredita, sem dúvida alguma, em reencarnação. Crê em círculos cármicos. E o que é hoje, como se comporta, como age, é resultado de vidas passadas. A tal ponto que tem uma relação meio mediúnica com seus filhos:

> — O amor é igual. Só que eu sinto algo diferente por cada um deles.
> Narayana é uma divindade hindu que também se manifesta como Vishnu. É um momento de despertar.

A Narayana, da maneira introspectiva dela, é muito parecida comigo. Essa coisa de ser fechada, querer ficar sozinha, o temperamento e percepções que ela tem. É tão parecido que é o filho de que eu tenho mais distância. Nataraja é quando Shiva está dançando, alegre. É a filha que vai ser a minha melhor amiga de todos os filhos porque se preocupa com a família, com o planeta e com as pessoas. Quando ela vai na sede do AfroReggae, quer ficar na minha cadeira, mas não na minha frente. Não é que ela venha a ser minha sucessora. Ela é a pessoa, dos meus filhos, que mais tem a ver com meu projeto. Não é que ela vá trabalhar aqui. Tem um caso com a minha filha Nataraja que só a Alessandra sabe. Quando ela falou que estava grávida dela, eu não fiquei feliz. Vou te dizer que se ela falasse que queria abortar eu apoiaria. Eu estava com 33 para 34 e ainda morava com a minha mãe. Eu não fiquei feliz, essa é a verdade. Ela chegou em um dos piores momentos da minha vida: no mês em que o Anderson ficou momentaneamente tetraplégico e o Waly Salomão morreu.

Arjuna foi um grande guerreiro que lutou ao lado de Krsna:

— O Arjuna eu planejei com 20 anos. Eu queria e sabia que teria um filho com esse nome. Ele tem 7 anos e, quando briga comigo, fala que não vai mais ser meu pai! É meu filho, óbvio, mas sempre achei que ele fosse meu pai. Mesmo antes de falar assim para mim. Quando ele fala que não vai mais ser meu pai e que não vou mais ser filho dele, eu pergunto: "Quem é o pai?" Ele responde: "Eu." Pergunto: "Quem é o filho?" Ele responde: "Você." Mas ele sabe que eu sou o pai dele. Na verdade, é um lance espiritual, talvez provocado por uma encarnação passada. Ele se comporta comigo como se fosse um centurião protetor. Nunca sai de perto de mim nem eu dele. Quando o Tuchinha morreu, fiquei desesperado. Achei que fosse ter um AVC. Meu lado esquerdo ficou dormente. Estava por um milímetro. O Arjuna chegou perto da minha cadeira, me pegou pela nuca e fez um movimento forte na minha cabeça. E disse: "Papai, você vai ficar bem." Ele me tirou o peso de uns 80 quilos em cada ombro, não tive o AVC graças a ele. Às vezes, do nada, ele me pergunta como meu pai morreu. Eu conto, e ele diz: "Você sabe que ele está bem, não é?"

O Krsna é meu filho com uma veia de aventura e adrenalina. É o filho mais bonito, elegante e esbelto que eu tenho. Sem nunca andar a cavalo, ele montou e parecia um cavaleiro. Ele é o que tem esse lado mais desprendido e solto. Acho que ele vai curtir esportes radicais. Ele é o filho que é mais agarrado comigo e que dorme abraçado todos os dias.

T. não tem nome indiano porque a mãe é diferente. Por questão de segurança, como não mora com ele e sob proteção policial, prefere não revelar o nome da mãe. Sustenta e mantém encontros regulares com o menino:

— Tenho uma relação normal de pai com ele. Eu o amo igual aos outros. Não o vejo como filho bastardo. Todo dia recebo fotos e vídeos dele e mando também. Não tenho muita convivência, mas queria ter mais. Tenho mais contato virtual, mas preferia ter mais presencial.

Ele tem três anos e canta músicas do Capital Inicial, letras em inglês e repete igualzinho. Ele tem uma paixão absurda pela mãe, com a que eu tenho pela minha. Eles são muito amigos e agarrados. Jamais o separaria da mãe dele. Seria a maior covardia da minha parte. Eu sinto falta dele, mas o amor deles é tão grande, e eu tenho isso pela minha mãe. Adoro ver os vídeos deles juntos e fotos dele. Provavelmente ele será artista, até porque tem um pai que poderia dar todo acesso a ele. Que os outros não me ouçam, mas é meu filho com QI elevadíssimo. O moleque com dois anos e meio já lê.

Lakshmi, deusa da beleza, da fartura e da generosidade. O nascimento dela também aconteceu num período conturbado:

— Antes de ela nascer, teve um dia em que eu dispensei a escolta. O Beltrame me deu um esporro geral: "Sua mulher está grávida e pode ter filho a qualquer momento. Você não pode dispensar a escolta. Ela agora é 24 horas." Tenho duas escoltas: a que fica comigo na minha casa e a em trânsito. A que mandou eu não dispensar era a de trânsito. A que fica na minha casa é feita por policiais do Bope em horário de folga, pagos pelo banco Santander, que também paga os carros blindados. Quando a gente foi para a maternidade, foi estranho. Feliz com a chegada dela, mas num clima muito triste. Ela me chama o tempo todo quando eu estou e quando eu não estou em casa. Sou apaixonado por ela. Tem o meu temperamento forte.

Foram três ataques ao AfroReggae: tacaram fogo na pousada (a gente foi obrigada a sair do Complexo do Alemão), ataque à sede do Complexo do Alemão e ataque à sede da Vila Cruzeiro. Cada vez mais violentos. Ainda teve a morte do meu pai. Aí, minha filha nasce. Foi muito forte: a maternidade cercada pela polícia. As atendentes apavoradas porque eles não usavam nem pistolas, eram fuzis.

Na noite anterior, sonhei que a minha filha nascia morta e a minha mulher morria no parto. Minha mulher me perguntando se estava tudo bem, eu só recebendo telefonema sobre novas possibilidades de ataques e riscos. Eu repetindo: "Está tudo bem." Esse é o meu lado de sair, tentar não sofrer e mediar a minha mente e o meu coração. Nesse dia, dormimos nós dois naquela cama apertada. Eu é que parecia um feto. Estava ainda mais frágil por causa do pesadelo com a morte delas. Se alguém me desse um peteleco, eu quebrava. Graças a Deus correu tudo bem. Quando entrei no berçário com a minha filha, olhei para aquele vidro, e não tinha parente ou amigos. Eram dois caras do Bope dando tchau pra ela: os policiais Cristiano e Josué.

O AfroReggae foi atacado em 16 de julho e em 1º de agosto. Ele aniversaria no dia 2, seu pai morreu no dia 11 e a mãe fez aniversário no dia seguinte ao enterro do pai. No mesmo mês nasceu Lakshmi.

— O meu pai esperou eu sair do hospital para morrer. Foi eu sair e meu pai morreu. Estava vivo, mas não falava, não saía voz. Estava muito mal, foi uma espécie de despedida. Quando me informaram da morte dele, não pude chorar. Se eu chorasse, iam achar que estava chorando por causa do Complexo do Alemão. Nessa hora eu fico refém do que eu sou. Tenho de ficar com essa cara fingindo que está tudo bem, ouvindo sobre os ataques e dizendo: "Avisa que eu vou partir para dentro. Não vai ficar por isso mesmo. É guerra? Então é guerra." E eu chorando por dentro, por causa do meu pai. Só que eu tive que ficar o dia inteiro com as pessoas do AfroReggae. Só pude chorar nove horas depois da morte do meu pai. Se eu desmoronar, fodeu.

A Lakshmi é a filha mulher mais agarrada a mim e fala o tempo inteiro "qué papai", mais do que "mãe" ou qualquer outra coisa. Sou louco por ela, como sou por todos, mas o nascimento dela foi o que mais me marcou porque nasceu na guerra. O T. nasceu no início da guerra. Ela nasceu na guerra. Quando olho para ela, eu a considero minha protetora, porque acho que ela me guardou para que eu não morresse. Aconteceu uma coisa interessante no ano passado. Por causa da necrose no fêmur, não pego muito avião. Tive que voar e fiquei com uma dor do caralho. Estava com 102 quilos, com muita dor na perna, já quase aceitando a cirurgia. Ela ainda nem engatinhava direito. O Magalhães falou que daqui a pouco ela estaria correndo pela casa. Quando ele disse isso, eu comecei a chorar. Aí, ele falou que eu ia correr atrás dela. Eu não tinha condições de fazer isso, mas hoje corro atrás dela todo dia. Ele falou algo simples, mas que mexeu comigo. Virou um mantra! Uma das coisas que me dá mais prazer na minha vida é deitar na cama à noite com os meus filhos em cima de mim e agarrá-los e ficar abraçado. Esse é o maior prazer da minha vida. Sinto um amor muito profundo por eles. Quando eles estão dormindo, além de beijá-los bastante, eu peço desculpas. Eu tento mudar e ser um pai bacana. Além de me considerar esquisito, eu tenho essas confusões de ter segurança 24 horas, e isso tira muito a privacidade deles. Eu agora estou do lado deles sem o menor espaço para me movimentar, mas estou adorando. Eles me inspiram bastante a lutar por um mundo melhor pra eles e para as futuras gerações.

E Alessandra, que acha que já tem bastantes filhos, que se prepare. Junior revela que ainda pretende ter mais um:

— A minha relação com os seis é muito forte, mas eu ainda vou ter sete, porque o meu número é sete.

Mas sua mulher já disse que não quer mais e que Junior é praticamente outro filho para criar:

— Ela é minha mulher. Não digo que vou ter com outra. Posso adotar. Eu vou ter, nem que eu tenha que adotar. Se eu adotar, será um bebê bem negro. Mas acho que não será preciso. Tenho aquela coisa de "bateu, colou". Fiz um exame e o médico brincou comigo, porque, se uma pessoa normal tem trezentos de testosterona, por exemplo, eu tenho trinta mil.

Aqui não tem contradição: os filhos são sua grande razão de viver e também o seu ponto fraco:

— A vida dos meus filhos, principalmente, e das outras pessoas que eu amo, é o que me faz passar pelo sentimento de medo. No resto, nada. Ou melhor: eu tenho medo de mim. No fundo, eu sei que posso ser o meu pior inimigo. Inimigo sou eu. Não que me ache imbatível ou intocável, mas tenho certeza de que, se um dia eu cair, eu é que vou me derrubar, por um ato falho meu. Eu poderia desacelerar um pouco, mas eu quero a pole position. Pago o preço, o pneu desgasta... Me inspiro muito no Senna.

Só sei que prefiro morrer em combate do que sobreviver acuado. Discordo completamente da frase "mais vale um covarde vivo do que um herói morto". Eu prefiro ser o herói morto, sem dúvida nenhuma.

Não queria morrer velho, com a possibilidade de estar no ostracismo. É por isso que o Che é o que é. Se estivesse vivo hoje, seria igual ao Fidel. Eu gosto da ideia de morrer no auge e em combate.

Prefiro deixar seis órfãos a ficar vivo a ser um pai covarde. Eu teria vergonha de mim e meus filhos também. Prefiro morrer.

Essa angústia fez com que durante muito tempo, em determinados momentos, convivesse com o sentimento radical de se matar. Como admite com absoluta tranquilidade:

— Eu já pensei em suicídio. Em me matar algumas vezes. É muito louco. Isso foi muito forte entre 16 e 20 anos. Cheguei a tentar. É um estranho desejo de voltar para um lugar do qual sinto falta. Às vezes até sonho com esse lugar. Só que agora, acordado, não sei dar detalhes deste lugar. Não sei explicar. Apenas a sensação de que já estive lá. Só visualizo este lugar no sonho. Ou quando deliro.

As tentativas, mais de dez, ao que se recorda, cessaram em 1988. O método era bem estranho, como que entregando ao acaso sua morte: pegava a motocicleta 180 cilindradas e saía a toda. Num determinado momento, de preferência descendo o viaduto da Praça da Bandeira, fechava os olhos e virava todo o manete do acelerador, rodava o pulso, até o final. Algumas frações de segundo, acelerado, no escuro, esperando...

Havia sempre uma mesma trilha sonora. Fones de ouvido, botava para rodar no walkman "Father Figure", o hit de George Michael. A "figura paterna" para embalar seu fim.

That's all I wanted
Something special, something sacred
In your eyes
For just one moment
To be bold and naked
At your side
Sometimes I think that you'll never
Understand me
Maybe this time is forever
Say it can be (...)

I will be your father figure
(oh baby)
Put your tiny hand in mine
(I'd love to)
I will be your preacher teacher
(be your daddy)
Anything you have in mind
(it would make me)
I will be your father figure
(very happy)
I have had enough of crime
(please let me)
I will be the one who loves you
Until the end of time (...)

Com sua história de vida, nem foi necessário recorrer à psicanálise para explicar por que uma evocação à paternidade na hora em que flertava com a morte.

Nessas suas aceleradas às cegas, nunca pegou algo ou alguém pela frente. Reconhece que, além do alto risco de se acidentar e morrer, era uma ameaça a quem estava por perto. O mais curioso é que, quando não estava com pensamentos funestos na cabeça, tomou, ao todo, catorze tombos de motocicleta. Ou seja, quando imaginava que podia se arrebentar, nada aconteceu. Quando trafegava civilizadamente, estabacou-se. Parou com motocicleta em 1990, e nunca mais atentou contra a própria vida. Nem tem planos, assegura. No entanto, não conseguiu afastar os pensamentos sombrios. Sempre dentro da mesma lógica. Por que as pessoas que ama morrem e ele não:

— Vivo atormentado com as perdas dos amigos que tive. Revi há pouco a cena da morte do Senna. Foda.

Assim como seu ídolo Senna, Junior também acredita que às vezes consegue falar com Deus:

— Eu estava numa cidade chamada Mercês, em Minas Gerais, na casa de um amigo e o pai dele havia recomendado para tomarmos cuidado com a cachoeira. Nós, do Rio de Janeiro, metidos a entrar no mar, e eu, particularmente, que gostava muito de entrar quando o mar estava de ressaca, não demos muita importância. O pai dele chegou a falar que todo verão alguém de fora acabava morrendo por não respeitar a natureza. Estávamos na cachoeira, e a correnteza era supertranquila; não percebemos que ela começou a ficar mais forte. De repente, estávamos sendo arrastados. Eu comecei a rezar.

Falei com Deus que não queria morrer e pedi proteção. Travei um diálogo de milésimos de segundos que parecia ter alguns minutos, mas esse tempo não existia. Eu já não rezava sussurrando, falava com Deus em voz muito alta, praticamente gritando. Faltando menos de dois metros da queda, meu pé ficou preso em algo que nem imagino o que era. É como se alguém por baixo da água tivesse me segurando, porque era uma coisa mínima que segurava. Pintava um desespero, mas, ao mesmo tempo, tinha uma "mão" segurando o meu calcanhar. Não era o pé, porque, se fosse o pé, a sensação seria de algo mais forte, era a ponta do meu calcanhar. Nessa conversa acalorada com Deus, sol forte — e quando eu olhava pra trás via a queda d'água que, provavelmente, se eu caísse, iria bater com a cabeça em alguma pedra e talvez com um certo risco —, eu vi um cipó caindo de uma árvore e vindo rolando na minha direção. Naquele momento, senti a presença de Deus e a sua profundidade totalitária na sua plena existência. Consegui agarrar o cipó e saí da água. Já tive muitas provas divinas. Essa foi mais uma delas.

Eu tenho uma relação muito forte com a magia e é por isso que me identifico muito com algumas divindades. Acredito profundamente no poder da mente e na energia das coisas. Não é que eu seja volúvel em minha fé e espiritualidade. Gosto de entender minimamente as religiões. Eu tenho um lado judeu, cristão, muçulmano, hinduísta, budista, candomblecista, Hare Krsna, messiânico, kardecista e toda e qualquer manifestação religiosa e/ou espiritual em que eu sinta a presença de Deus. A minha pré-disposição pra enfrentar o mal, e mesmo aqueles criminosos manipuladores e covardes, vem daí. Eu acredito muito na alquimia do chumbo e do ouro, e no meu caso a minha pedra fundamental é em cima do ser humano.

Mesmo sempre cercado de segurança, com tantos inimigos em tantas frentes, Junior acredita que um comportamento seu faz toda a diferença para ter sobrevivido até aqui. É também, de novo, uma denúncia embutida:

— Os caras me respeitam para caralho por isso: nunca peguei dinheiro do crime. Vários pegam dinheiro do tráfico.

Tem andado às voltas com oscilação de peso. Engorda, emagrece. Emagrece, engorda. Não gosta quando dizem que engordou. Sempre arruma uma desculpa. Geralmente, algum problema de saúde que o impediu de malhar. Enrola para admitir que, em julho, esteve num chique spa de emagrecimento no Sul, especificamente preocupado com a estampa para a foto da capa deste livro. Geralmente sarado, não queria posar com a barriguinha que anda cismando em aparecer. Longe do epicentro das suas áreas de conflito e menos conhecido, surgia a oportunidade de, pela primeira vez em muito tempo, poder andar tranquilamente sem segurança. Só que o temor anda é dentro da cabeça dele, onde quer que vá. Quando voltou ao hotel, descreveu assim a sua experiência:

— Depois de três anos, é a minha primeira viagem sem acompanhante/segurança. Resolvi andar nas ruas sozinho. Sabe o que é ficar três anos sem andar a pé nas ruas? Aqui em Gramado estou revivendo este comportamento normal para todo mundo. É óbvio que estou prestando muita atenção. Sempre gostei de andar pelas ruas, estou me readaptando rapidamente. Nesta última caminhada, uma cena fez meu coração disparar. Na mesma hora, me lembrei de quando eu soltei do ônibus na Praça Saens Peña. Caminhando na praça, meu coração parecia querer sair pela boca quando vi um homem armado com um .38 prateado cano curto. Já estive em área de guerra, estou acostumado em ver granada, bazuca, mas na Tijuca aquele .38 me pareceu muito mais gigantesco e poderoso. Não era comigo, mas fiquei atormentado. Aqui, em Gramado, eu caminhando "sem lenço e sem documento", para na calçada um pouco na minha frente uma moto. Desce dela um motociclista de uns 1,65 metro, mais ou menos. Sem tirar o capacete, vem na minha direção, e deu para perceber que estava olhando nos meus olhos. E mete a mão pelo casaco, na altura da cintura. Pensei, lógico, que ele iria puxar uma arma. Como a distância estava curta, não daria para eu correr, pensei em avançar para cima dele, sair na porrada e tentar tomar a arma. Quando vejo, ele estava apenas fechando o zíper. Olhou para mim só porque me reconheceu. Como diz meu astrólogo, a mente mente.

Entre os muitos sonhos, talvez o que desse mais alegria a Junior seria poder levar sua mulher e filhos à praia perto da casa. Um simples programa comum de família, só que sem a necessidade de proteção policial por perto. A tranquilidade de passear em paz pela areia, tomar um banho de mar. O problema é que Junior poderá encontrar os destroços do cargueiro *Camboinhas*. Reunir sua turma para desencalhar e recuperar o velho navio. E sair navegando. Contra as ondas.

Os agradecimentos de José Junior

À MINHA MÃE, que me deu tanto amor, e por causa desse amor virei quem sou.

À minha esposa, a quem tanto devo e que, mesmo com todos os meus erros, continua ao meu lado.

Aos meus filhos, que eu amo, e de quem dependo mais do que eles de mim.

Às minhas irmãs, sobrinhos e cunhados.

Ao meu pai, a quem, mesmo com todas as dificuldades que tivemos, eu amava; e ele, a mim.

A meu eterno e único ser no mundo que considero meu CheFFe (Erlanger), por toda a generosidade e truculência necessárias para que eu me enquadrasse.

Ao meu grande amor — o AfroReggae — e a todas as pessoas que fazem ou fizeram parte dele.

Aos meus amigos que morreram antes e aos que morreram depois da criação do AfroReggae. Não tem um dia em que eu não pense em vocês.

A todas as favelas, becos e vielas que veem o AfroReggae como um caminho de luz e transformação. Graças a eles, há 22 anos temos um impacto dentro e fora do Brasil.

Ao Banco Santander, que é muito mais do que um patrocinador, pela proteção concedida a mim e à minha família. Obrigado, don Emilio Botín (*in memoriam*), Jesús Zabalza, Jamil Hannouche, Medina, Andrea Moraes e Paula Nader.

À Odebrecht, que foi superparceira num dos piores momentos da nossa história. Valeu mesmo, Benedicto Junior e Luiz Gabriel Azevedo.

Quero agradecer muito ao Marcelo Garcia e ao Danilo Costa por terem tomado a frente do AfroReggae nesses últimos anos. Não sei o que seria de mim e do grupo sem eles.

Ao meu fisioterapeuta, Ricardo Kelly, que me fez voltar a andar e acreditar que posso superar todas as minhas dores físicas e que me faz sentir um campeão.

Ao meu astrólogo, André Porto, meu "personal oráculo" e irmão de muitas vidas.

À Prema e ao Mukti, que me têm ajudado na minha busca pessoal e na minha eterna caminhada por muitas vidas.

Ao padre João Cláudio, que, junto com o papa Francisco, resgatou o meu orgulho de ser católico, dentro do meu ecletismo.

Aos meus mestres Amilcar Cortez, Lorenzo Zanetti, Marcial Portela, Ricardo Guimarães, Waly Salomão e Zuenir Ventura, que me permitiram ser discípulo deles.

Ao William Reis, que diz que eu o inspiro, e, junto com o Junior Perim, Vinicius Daumas, Eduardo Lyra e a Nathália Menezes, me faz lembrar que eu hoje não sou mais um garoto e me coloca no papel de mestre.

Ao meu amigo Aécio Neves, que permitiu que eu estivesse ao seu lado na luta por um Brasil melhor.

Aos meus brothers e sisters que a vida me colocou: Abacate (*in memoriam*), Anderson Sá, André Marini, André Skaf, Arcelio Faria, Beto Pacheco, Bianca Amaral, Bruno Thys, Carlos Fofo, Carlos

Oliveira, Celso Padina, Christian de Castro, Claudio Piuma, Cleia Silveira, Ecio Salles, Etiene Petrauskas, Evandro João, Flavio Fernandes (Meinha), Fernand Alphen, Fernando Byington Martins, Flora Gil, Francisco Testas "Tuchinha" Monteiro (*in memoriam*), Guilherme Palmiere (*in memoriam*), Jeff Zimbalist, João Doria Júnior, João Madeira, João Paulo, Johayne Hildefonso, Jorge Espírito Santo "Jorjão", José Geraldo, José Luiz Magalhães, José Marmo, José Renato Pontes, José Vicente Marino, Leslie Leitão, Luís Flávio Sapori, Luis Roberto Pires Ferreira, Márcia Florêncio, Marcio Hannas, Marcio Rocha, Marcson Muller, Mauricio Lima, Matt Mochary, Paulo Lotufo, Paulo Niemeyer, Paulo Novis, Pedro Navio, Rafael Victorio, Raimundo Menezes, Renata Sbardelini, Renato Pereira, Ricardo Afonso, Ronaldo França, Rony Meisler, Sérgio Côrtes, Sergio Pugliese, Sérgio Sá Leitão, Siro Darlan, Sylvio Gomide e Tekko Rastafari.

Ao João Roberto Marinho, por tudo o que as Organizações Globo fizeram na minha vida e na história do AfroReggae.

Ao Multishow, que me ensinou a ser um apresentador de TV e comprou 100% das minhas ideias. Obrigado, Alberto Pecegueiro, Guilherme Zattar, Christian Machado, Cris Stuart e Denise Figueiredo. A Dani Mignani, que também era da equipe e hoje está no GNT.

Ao Carlos Andreazza, que comprou a ideia deste livro e investiu para que tivesse destaque dentro da Editora Record.

Ao Rômulo Costa, João Jorge, Ivanir dos Santos e Sueli Carneiro, que muito me ensinaram e são líderes negros bem-sucedidos e visionários nas suas áreas.

Ao Ayrton Senna, que até hoje me inspira a me superar e bater meus recordes. E romper certos prognósticos.

Aos doutores Ilídio Moura, Técio Lins e Silva, Maíra Fernandes, Letícia Lins e Silva, Flávio Zveiter e Mariana Burity, por me defenderem e acreditarem nas nossas causas.

Às autoridades que me apoiaram no momento mais difícil da minha vida: governador Sérgio Cabral, ministro da Justiça José Eduardo Cardozo, coronel Erir (na época comandante da PM), chefe da Polícia Civil Fernando Veloso e inspetor Alberto Sun Pereira (Beto).

Aos seguranças que cuidam de mim e da minha família, liderados pelo Robson Galvão. Hoje, meus amigos.

À Core, que sempre que a chapa esquenta faz a minha escolta.

Aos policiais comprometidos com a verdade Celso Dutra, Fabio Andrade, Fausto Vitalle, Francisco Ortiz de Holanda, Jorge Gomes, José Duarte, Luiz Mattos, Marcio Mendonça, Marcos Reimão, Paulo Fonseca e Rafael Rangel.

Aos artistas e músicas que me inspiram e norteiam: Elvis Presley e a canção "One" do U2.

Às entidades parceiras Fundação Ford (Denise Dora e Elizabeth Leeds) e Unesco (Marlova Noleto).

À Natura e aos seus fundadores: Guilherme Leal, Luiz Seabra e Pedro Passos, que acreditaram nas ideias mais loucas e inovadoras e não pensaram duas vezes.

À Petrobras, que passa por um momento difícil mas sempre apoiou os grupos sociais e culturais mais inovadores do Brasil.

Obrigado, Eliane Costa, Luis Fernando Nery, Ana Claudia Esteves e Aline Dias.

Às marcas parceiras que resolveram investir na minha imagem: Adidas Originals (Hugo Ribeiro e Tiane Allan), Evoke (Demian Salomão), Osklen (Oskar Metsavaht) e Reserva (Fernando Sigal, Jayme Nigri e Camila Krauss). Ao Itaú Cultural e aos amigos Eduardo Saron e Edson Natale.

À familia Villela, de que hoje me sinto parte graças ao meu afilhado Daniel. Milu, Patricia e Ricardo.

Aos padrinhos da banda AfroReggae, que acabaram abraçando a instituição como um todo: Caetano Veloso e Regina Casé.

Às bandas e artistas que sempre chegaram junto: Arlindo Cruz, Cacá Diegues, Cidade Negra, Fernanda Abreu, Gabriel O Pensador, Gerald Thomas, Jorge Mautner, J. R. Duran, Helio de La Peña e O Rappa.

Aos meus novos investidores de um novo ciclo: Armínio Fraga, Fabio Barbosa, Paulo Ferraz, Patricia Ellen e Thierry Peronne.

José Pereira de Oliveira Junior

Este livro foi composto na tipologia Adobe
Caslon Pro, em corpo 12,5/17, e impresso em
papel off-white no Sistema Cameron da
Divisão Gráfica da Distribuidora Record.